CONVERSATIONS AVEC UN JEUNE MANAGER

JOSIANE GARCIA

Sommaire :

- Introduction ……………………………………………………………………..p 3
- Le management : un choix, un engagement, une vision p 12
- Les spécificités du management ……………………………………….p 31
- Les relations avec l'équipe……………………………………………….p 58
- Les relations avec la hiérarchie………………………………………….p 80
- La solitude du manager……………………………………………………..p 95
- L'authenticité : le socle comportemental…………………….p 110
- Conclusion………………………………………… ………………p 130
- Bibliographie………………………………………… ………..p 136
- Remerciements……………………………………………………..p 137

« Devant tout ce qui t'arrive, pense à rentrer en toi-même et cherche quelle faculté tu possèdes pour y faire face [...]

Epictète

INTRODUCTION

Voici quelques années déjà, j'ai définitivement quitté le management opérationnel pour devenir coach de managers. Je n'avais jamais envisagé cette option mais je sentais qu'il devenait nécessaire pour moi de passer à autre chose. Cependant on ne laisse pas derrière soi trente ans d'un métier aussi prenant, aussi stressant, aussi exigeant sans une pensée profonde pour toutes ces personnes qui nous ont été, un jour, confiées.
J'ai forcément eu un impact sur leur vie, comme eux en ont eu sur la mienne. S'ils en avaient l'occasion, quels mots, quels sentiments, poseraient-ils sur notre rencontre et notre collaboration ? J'y pense quelquefois car ce sont eux que je vois quand je regarde le chemin de ma vie professionnelle. Sans eux, mes choix auraient été différents. Ils m'ont obligée, bien involontairement à changer, à explorer de nouvelles approches.

On m'a souvent qualifiée de manager « atypique » et je l'avoue, l'adjectif me plaît. Dans ce métier, j'ai été guidée par deux choses : apprendre à mieux me connaitre pour mieux comprendre les autres et utiliser au maximum les espaces de liberté qui nous sont donnés. Epictète enseignait qu'il y avait des évènements qui ne dépendaient pas de soi, mais que la façon d'y réagir nous appartenait. J'ai fait mienne cette philosophie.

Aujourd'hui, les livres sur le management foisonnent. Chacun a son avis, manager ou pas, psychologues du travail, formateurs, chercheurs. Chacun a sa théorie, chacun cherche à la placer. Je suis comme eux, avec juste une différence : je n'ai pas de théorie, mais du vécu, de l'expérimenté. Mes quelques réussites managériales sont assises sur des constats, des échecs, des intuitions, des récurrences. Tout cela est accessible à chacun.

Je suis une femme qui a exercé un métier à dominante encore très masculine ; une femme portée par des valeurs assumées, par un questionnement permanent, par la volonté de progresser et d'apprendre encore et toujours, par un goût prononcé pour la relation humaine.
Longtemps j'ai dit que j'étais une guerrière ; j'ai appris très tôt que, pour s'en sortir, il fallait se battre, se bouger, s'accrocher et s'engager totalement. Rien ne nous était donné, tout devait se conquérir de hautes luttes.
Et oui, je voulais m'en sortir ! Non que j'aie honte de mes origines très modestes, au contraire, je les revendique haut et fort, surtout en ces temps récents de turbulences sociales françaises. Mais, c'était aussi pour moi une façon de remercier mes parents pour tout ce qu'ils m'avaient donné et dont ils s'étaient souvent privés.

Aujourd'hui, j'ai déposé les armes et appris à être une bonne compagne pour moi-même. Ce qui n'est déjà pas si mal !

Car au fil du temps, j'ai appris à travailler sur moi et découvert que, par ricochet, cela me permettait de découvrir les autres avec une approche plus authentique, plus empathique.

J'ai compris que, parce que nous nous forgeons une image d'eux qui ne reflète pas la réalité, leur réalité, nous jugeons les autres. Nous estimons savoir mieux qu'eux-mêmes qui ils sont, leurs qualités et leurs défauts, leurs motivations, leurs intentions ou ce dont ils ont besoin.

Cela m'a permis de constater que, dans le milieu professionnel, des personnes peuvent être cataloguées négativement et mises de côté ou au contraire, bénéficier d'a priori favorables, tout autant subjectifs et de ce fait, portées aux nues.

Quand on est manager, il importe de se garder de cette approche tranchée. En effet, je crois que chacun est doué pour quelque chose et qu'il suffit de chercher un peu.

J'aime beaucoup cette citation de Maitre Eckhart[1] : « *Les gens ne devraient pas toujours tant réfléchir à ce qu'ils doivent faire, ils devraient plutôt penser à ce qu'ils doivent être* ».

J'ai appartenu pendant quarante-cinq ans à un grand Groupe français. Au compteur : treize métiers différents, dix-huit déménagements, une carrière commencée derrière des guichets, puis la direction d'équipes jusqu'à trois cent cinquante personnes, le tout accompagné par des formations internes et externes de grande qualité.

Être manager a été un choix et le fil rouge de ma carrière. Chaque fois que j'ai choisi un métier plus technique, je cherchais à développer des compétences utiles au management.

Tous les métiers que j'ai exercés ont été choisis en assumant complètement les obligations de mobilités géographiques et fonctionnelles en usage dans mon entreprise.

La plupart étaient des postes en création ; je les ai embrassés avec entrain car j'ai toujours eu le goût de l'aventure et de la liberté.

Mais j'ai surtout eu la grande chance de bénéficier d'une solide formation continue qui a permis mon évolution au sein de l'entreprise. Changer et découvrir d'autres métiers a contribué au développement d'un panel de compétences qui m'ont beaucoup servie dans l'exercice du métier de manager.

Je pense qu'élargir son horizon de qualifications présente l'avantage d'ouvrir sa conception du management.

Cette pratique singulière du management, très tôt développée, a été identifiée lors de ma dernière promotion : le cabinet de consultants qui a vérifié mes aptitudes, a eu la conclusion suivante : « *Votre pratique fait partie de l'avenir du management !* ». J'ai reçu cela comme une reconnaissance de ma vision et de mes pratiques du management, avec humilité vis-à-vis de mes équipes, avec une certaine ironie vis-à-vis de ma hiérarchie. Et je me suis plu à le rappeler à certains de mes directeurs qui considéraient que, vu mon âge, il était temps de laisser la place.

J'ai dirigé des équipes de commerciaux et de producteurs, depuis l'agent jusqu'au cadre supérieur. J'ai vécu toutes les réorganisations de l'entreprise (entrée dans une administration et sortie d'une Société Anonyme). J'en ai accompagné la plupart et les ai soutenues. Elles ont permis l'émergence de nouveaux métiers, de nouvelles ambitions collectives. Elles ont aussi démontré la capacité de mobilisation des personnels. Peu d'entreprises auraient pu réussir ce que nous avons fait, en embarquant les équipes en place. J'ai vécu ces changements comme autant de chances et d'opportunités de vivre des expériences exaltantes. Pourtant, depuis quelques temps, les choses évoluent de telle façon que je ne serais plus sûre aujourd'hui de ressentir le même enthousiasme.

Depuis un temps certain, j'ai envie de transmettre, de partager ces années de pratique du management.

Au moment où certains décident qu'il est temps de cesser toute activité professionnelle, j'ai décidé de créer une entreprise avec des amis ; nous partageons la même vision du management et nous avions envie de la faire connaitre. Elle rencontre des échos positifs car c'est uniquement par la recommandation de nos clients que nous développons aujourd'hui notre chiffre d'affaires.

Mais une autre forme de transmission, plus personnelle s'est faite jour peu à peu, notamment sous l'amicale impulsion de mes amis et associés. Ainsi, le projet d'écrire s'est-il concrétisé.

J'ai relu récemment « Lettres à un jeune poète » de Rainer Maria Rilke. Ces échanges épistolaires m'ont toujours inspirée par leur profondeur, et plus récemment par l'écho que les réponses de R.M. Rilke ont provoqué en moi.
Bien modestement, j'ai eu envie d'aborder le sujet du management par le biais d'échanges que j'ai eu avec des personnes que j'ai accompagnées.

C'est pour cela que j'invite le lecteur à poser sa réflexion personnelle sur quelques thèmes qui me semblent essentiels pour appréhender en confiance et en sécurité un métier aussi passionnant que périlleux. Je n'ai pas tout réussi, ni bien fait du premier coup. A partir de situations réelles, chacun peut mettre sa propre expérience en perspective et se poser les questions qui lui permettront de trouver son propre chemin. Rien n'est duplicable en tant que tel car les personnes et les situations sont uniques, mais tout peut être matière à méditer.

Quand se pose la question de devenir manager la première fois, il me semble indispensable de s'interroger : qu'est-ce qui fait sens pour nous, comment aborde-t-on ce métier si singulier, sur le choix ou non-choix que l'on fait à ce moment.
Nous avons tous, quelle que soit notre place dans l'univers professionnel, une idée de ce que devrait être un

manager ; alors, quand arrive le moment d'endosser le costume, il serait utile de savoir ce qu'il est possible d'embarquer dans les poches.

C'est pourquoi, notre représentation du management nécessite d'être décodée afin de faire, au fil de notre expérience, des choix comportementaux en conscience. D'ailleurs, le préalable serait presque : management ou pas ? Certaines entreprises ont fait des choix différents.

Pour moi, le management se déploie très concrètement dans une série d'activités qu'il importe d'organiser au mieux. Cet aspect pratique nécessite de bien identifier ses priorités et d'y consacrer le temps nécessaire. Car, le plus important c'est de s'intéresser à comment les gens travaillent ; non pour fliquer, mais pour comprendre et faire progresser.

Diriger et projeter l'équipe, l'accompagner et l'organiser, tout cela nécessite un relationnel propice à un travail de qualité, dans des conditions humainement satisfaisantes. C'est pourquoi les relations avec les collaborateurs sont un domaine central du management.

Un sujet important qui a forcément des conséquences concerne la notion de distance relationnelle. Elle est essentielle pour un manager. C'est tout simplement le respect de la zone de sécurité de chacun mais aussi le partage de codes sociaux.

Et à chacun, une relation unique et différenciée ! Parce que chaque collaborateur est unique, je vais articuler une posture relationnelle personnalisée. Si j'arrive à me synchroniser avec mon interlocuteur, je vais le comprendre et surtout, lui aussi me comprendra. Découvrir les valeurs qui lui servent de guide permet au manager un accompagnement approprié.

C'est aussi le temps de réfléchir sur les devoirs qui s'imposent à tout manager. Ce n'est pas un sujet qui vient spontanément à l'esprit, mais en faire l'impasse serait occulter une responsabilité majeure de ce métier.

Spontanément, je dirais, au-delà du respect dû à chacun : protéger, faire confiance et donner des feedbacks (faire un retour, un bilan). Ce sont pour moi, les principaux devoirs d'un manager.

Nous rêvons tous de collaborateurs parfaits : efficaces, de bonne composition, motivés, etc... Et nous, quels collaborateurs sommes-nous ?

Se poser la question nous renverra à nos exigences vers notre équipe. Le manager est modélisant pour ses équipiers.

Un N+1* peut être une réelle source d'apprentissage. Ce fut le cas pour moi : j'ai rencontré des managers qui m'ont aidée à me construire.

Relations dites-vous ? Celles avec la hiérarchie sont à prendre avec des précautions car des dysfonctionnements peuvent être potentiellement désastreux pour le manager, mais aussi, par ricochet, pour son équipe.

(*) Supérieur hiérarchique immédiat

C'est pourquoi il est nécessaire d'apprendre à se protéger car ainsi, au-delà de nous, nous protégeons nos équipes.

Dans ce panorama du métier de manager, je crois qu'il importe d'évoquer un état de fait : la solitude du manager. Quand on est le patron d'une entité, nous n'avons souvent pas de pairs à proximité pour lâcher un peu la pression, échanger sur des difficultés immédiates. Et quand il faut décider, nous sommes seul face à nous-même, parce que personne ne peut se substituer à nous.

Aussi je porte un véritable credo : chaque manager devrait développer un travail sur soi. Pour moi, c'est une nécessité absolue !
A partir du moment où j'ai entamé cette évolution, j'ai découvert ce vers quoi je voulais tendre dans le domaine des relations aux autres mais aussi dans la relation à moi-même.
J'ai pu nommer certains comportements ou réactions, j'ai appris à faire différemment tout en respectant mes valeurs et mes limites.
J'ai fait le choix de l'authenticité et de l'exemplarité. Je ne dis pas que je suis toujours authentique ou exemplaire, je dis que c'est mon graal.

C'est pour cela que ce livre n'a pas une approche exhaustive du management. C'est à travers des situations réelles que j'ai rencontrées et mes réponses ou réactions, que j'ai choisi d'illustrer l'approche du management que je porte.

Ici, le lecteur ne trouvera pas de théories managériales, mais du concret, du vécu : des réussites, des échecs, de l'enthousiasme, des déceptions, la vraie vie d'un manager !

LE MANAGEMENT :
UN CHOIX, UN ENGAGEMENT, UNE VISION

Un jour, tu m'as demandé si je te voyais prendre la direction d'un établissement. Alors que tous te poussaient à faire le grand saut, je t'ai dit : « Oui, mais pas aujourd'hui ! Tu me dis que tu veux t'orienter vers ce métier parce que c'est la voie dite normale, mais quelle est ton envie profonde ? »
Je ne voulais pas te dire ce que tu souhaitais entendre mais plutôt t'inviter à réfléchir, d'abord, sur ce qui t'animait ; si, là, était ton vrai objectif.

Mais dans un premier temps, il me semble indispensable de te poser la question : « Quelles sont tes motivations pour aller vers ce métier ? »

Dans certains cursus de promotion, il devient nécessaire de prendre un poste à forte responsabilité managériale. Cependant, tout comme je ne crois pas que chacun ait la fibre commerciale, je ne pense pas que les capacités managériales soient innées ou induites par les diplômes. Certains se sentent plus épanouis à traiter des dossiers, à conduire des projets techniques ou à jongler avec les chiffres. Il y a, je crois, au-delà du prestige de certains postes, des personnes pour qui manager des équipes est une épreuve, pour d'autres, l'opportunité de satisfaire un goût pour la domination et puis enfin, il y a tous ceux qui ont envie d'entrainer un collectif.

Selon le niveau hiérarchique où l'on se trouve, une personne peut se retrouver de facto à la tête d'une équipe importante, une direction financière, marketing ou autres directions stratégiques. Un PDG se pose-t-il la question des compétences managériales de ces responsables, au-delà de leurs compétences spécifiques sur le poste. Je ne sais pas dire la réalité, mais j'ai trop souvent vu des directeurs se comporter en véritables tyrans ou laisser leur direction s'auto-gérer. Gaël Chatelain-Berry, ancien manager, aujourd'hui coach, a écrit : « *Mais les entreprises nomment à des postes d'encadrement des salariés qui n'ont parfois aucune appétence ou aucune compétence pour le management et ne les forment pas.* » [2]
C'est en effet une spécificité française : « *Le management à la française est dramatique [...]. Et ce n'est pas du « French bashing » que de dire qu'on est le deuxième pays au monde en nombre de burn-out derrière le Japon, et le deuxième en Europe pour le taux d'absentéisme, derrière l'Italie.* »

Au début de ma carrière de cadre commercial, est arrivé un nouveau responsable qui est intervenu lors d'un séminaire régional. Son discours était tellement choquant qu'il a été hué par la salle. Cela ne s'était jamais vu ! Les années passant, nous en entendions souvent parler car ses méthodes ne faisaient pas dans la dentelle. Mais il a poursuivi sa carrière et évolué dans l'entreprise. Quelques quinze années plus tard, il a fait la une de la presse car un de ses mails assassins avait fuité. Bien sûr, il a rapidement été déplacé sur un poste moins exposé, mais des sanctions ont-elles été prononcées ? Je ne sais pas répondre, mais ce que je sais c'est que cette personne, jusqu'à cet incident n'a jamais été arrêtée. Au contraire, son parcours reflète le degré de confiance qu'avait en lui la hiérarchie. Il était inévitable qu'un de ses dérapages lui revienne en boomerang ; quand on se pense invincible, on ose tous les risques et on perd toute prudence.

Il ne respectait pas les personnes qui exerçaient sous sa direction ; depuis le début, c'était une attitude récurrente, cela se savait, mais parmi les cadres stratégiques, ils s'en trouvaient encore pour l'excuser ou regretter que cela sorte dans la presse.

Pour moi, le management est, avant tout, affaire de relations humaines. Si au départ, tu n'aimes pas être au contact des autres, alors, ce métier n'est pas pour toi.

Mais c'est aussi savoir faire certains choix, des choix comportementaux : choisir de se donner les moyens de réussir, d'accepter de « balayer devant sa porte » avant de demander aux autres de changer, d'assumer qui on est, sans se renier, de mettre en œuvre ce que l'on demande à l'autre, d'accepter l'autre tel qu'il est, de prendre des risques pour se respecter et aussi de travailler avec des collaborateurs qu'on n'a pas, justement, choisis. Et surtout choisir d'apprendre à connaitre ses propres fonctionnements.

Au fil des années, la direction d'une équipe a évolué. Le management a fait comme la société : d'un management très descendant, quelquefois brutal, quelquefois paternaliste, les pratiques s'orientent de plus en plus vers la participation, la coopération, la prise en compte de l'autre.

Certaines entreprises ou institutions décident de s'extraire d'un fonctionnement hiérarchique afin de responsabiliser l'ensemble des acteurs de la structure. Ce sont les entreprises libérées, celles qui pratiquent la sociocratie ou l'Holacracy. Ces exemples sont encore peu nombreux et fonctionnent depuis trop peu de temps pour en faire réellement un bilan. Les premiers retours ont été très encourageants, repensant complètement le modèle de direction d'une entreprise avec un patron qui accepte de revisiter totalement son rôle et des salariés complètement autonomes dans leur cercle de responsabilités.

Cependant, quelques dysfonctionnements ont commencé à altérer le tableau. Un turn-over plus important que dans l'organisation précédente a été constaté. Des cadres intermédiaires n'ont pas su retrouver une place ; en effet, ces nouvelles formes d'entreprises partent du postulat que l'encadrement intermédiaire est une source de difficultés et donc n'apporte pas de plus-value à un fonctionnement optimal. Certaines personnes ne se sont pas senties à l'aise avec une prise de responsabilité.

Pour ma part, je crois, au contraire, que l'encadrement intermédiaire est créateur de lien et de proximité. Et il est indispensable de le former et de le soutenir.

Mais cependant, rien ne nous empêche d'emprunter à ces organisations innovantes certaines de leurs méthodes comme par exemple faire participer certains collaborateurs de l'équipe au recrutement d'un nouveau membre.

Dans le domaine commercial, j'ai apprécié l'approche suivante : s'évaluer soi-même par rapport à ses propres objectifs sur une échelle d'un à dix et déterminer son propre potentiel de progression. L'avantage est de sortir de ce que j'appelle, les « commentaires sportifs » sur les résultats, avec affichage des indicateurs verts et rouges ; cela n'a aucun intérêt. Chacun, quand il entre en réunion, sait exactement si ses indicateurs sont bons et où sont ses difficultés. Et plutôt que la question posée soit : « Que fais-tu pour revenir à la trajectoire ? », elle pourrait être : « Comment vois-tu la progression que tu te donnes ? ». Cette démarche n'est pas de moi, mais je l'ai proposée à des équipes que j'ai accompagnées ; les résultats ont été intéressants pour tout le monde.

J'aime bien la définition suivante : « *Le management n'est pas une science, mais un ensemble de pratiques vivantes et changeantes, de techniques et d'outils nécessitant un savoir-faire plus que des connaissances théoriques. Et le style de management de chaque dirigeant résulte d'une combinaison unique de sa personnalité, des leçons qu'il a reçues de ses maîtres et de ses expériences personnelles comme manager et comme collaborateur (Alternatives économiques) »*

Les derniers mots de cette définition raisonnent pour moi comme si c'était hier ; je me revois jeune agent à Toulouse, au guichet, pleine de bonne volonté mais avec déjà un caractère bien trempé. En voyant le fonctionnement du chef d'équipe qui m'encadrait, c'est exactement là que je me suis dit : « *Manager des gens, ça ne peut pas être que ce que tu vois tous les jours. Il est facile de râler, plus difficile de mettre en œuvre ce qui nous semble juste.* » J'ai eu envie d'autre chose !

Cette prise de conscience fut tellement stimulante que je terminais dans le peloton de tête d'un concours national et que je commençais ma carrière de manager.

Je me suis construite en contrepoint de ce que j'avais vécu ; je crois aussi que mes exigences vis-à-vis de mes N+1 trouvent leurs sources à cette époque. Je parle d'exigence, je pourrais aussi bien dire intolérance quelquefois.

Nous avons tous une idée du manager idéal, celui que nous voudrions être et celui que nous voudrions avoir. Confronter cette utopie à la réalité n'est guère confortable pour celui qui est notre supérieur.

Alors, toi, quelles sont tes motivations : est-ce là que tu vas t'épanouir ou est-ce un passage obligé sur un curriculum vitae de bonne facture ? Que te sens-tu prêt à donner ?

C'est un métier où il faut beaucoup donner pour parfois recevoir très peu.

Manager une équipe nous oblige ; une équipe nous est confiée afin de la conduire vers la performance mais dans le respect et, j'allais dire la « bienveillance », mais ce mot est tellement galvaudé qu'il a perdu toute son essence. J'ai un jour assisté à une convention avec le Président et ses directeurs stratégiques. L'un d'entre eux portait le thème du « management bienveillant » ; nous avons donc eu droit à un très beau discours nous expliquant comment cela se concrétisait. L'après-midi, devant les équipes régionales, ce même directeur a malmené en direct et brutalement une personne qui avait eu le courage de poser une question importante. Dans cette situation, on peut se demander si ce dirigeant était obéissant, il portait alors un discours demandé par le Président ; ou s'il suivait une mode sans se sentir le moins du monde concerné ; ou encore s'il avait intellectuellement adhéré à l'approche mais n'avait pas encore pu enclencher ce changement qu'il demandait in petto aux managers en dessous de lui ; ou enfin si le mot « Bienveillance » ne faisait pas partie de son vocabulaire. Je crois que les paroles prononcées par le top management sont une promesse. Alors, bienveillance, bof ! Je préfère le mot « Humanité ».

Faire preuve d'humanité n'est en rien incompatible avec l'exigence et la performance. Être attentif à la qualité des relations avec ses équipiers est une des conditions de la réussite d'un manager. Cela devrait être un objectif pour tout manager.

Manager nous invite à la créativité et à l'agilité. Anticiper les organisations futures m'a souvent permis des remises en question profondes dans mes pratiques managériales, mais aussi conduite, quelquefois, à être confrontée à l'incompréhension de mes responsables ou de mes pairs. C'est une facilité que j'ai développée, une autre forme d'intelligence.
Car j'ai longtemps pensé que je n'étais pas intelligente, ou moyennement intelligente, n'ayant pas de cursus universitaire comparable à ceux de mes collègues ou de mes directeurs. Je suis issue de la promotion interne mais en France, le poids du diplôme est fort.
J'ai vécu cette capacité à projeter des organisations, à sortir des sentiers battus, comme une sorte de compensation me permettant d'apporter autre chose que des savoirs scolaires.

S'engager dans le management, c'est accepter d'être comptable de résultats que d'autres auront réalisés ; c'est accepter de devenir le point vers lequel tous convergent ; c'est accepter d'être le filtre qui atténue l'impact des injonctions contradictoires ; c'est accepter d'être le socle sur lequel chacun peut trouver appui et qui sécurise

l'ensemble ; c'est accepter l'échec comme la réussite pour ce qu'ils sont, le fruit de l'équipe entière ;
Cela demande une capacité d'adaptation aux autres et à la patience. Tout cela pour un seul objectif : mettre les collaborateurs en situation de réussir. Car la grande victoire d'un manager c'est de voir évoluer et quelquefois partir un équipier vers un nouvel avenir professionnel.

Quand on devient manager, on est confronté à un certain nombre de croyances sur la manière d'exercer le métier, des croyances extérieures liées à l'environnement et aux acteurs, mais aussi à nos croyances personnelles, à notre projection du manager tel que nous le concevons
Le dialogue social en France est difficile. Les patrons et les responsables hiérarchiques intermédiaires ont une image abîmée car trop souvent assimilés à des exploiteurs qui considèrent les salariés comme une variable d'ajustement. Et parfois, certaines prises de position du patronat alimentent cette vision. Les syndicats, quant à eux, sont souvent considérés comme des freins ou porteurs d'exigences exorbitantes.

Cela me fait penser à mon père, ajusteur dans une usine de pâte à papier, syndiqué à la CGT, qui répétait à l'envie qu'on ne pouvait pas faire confiance aux dirigeants, ni aux chefs d'équipe.
C'était un ouvrier consciencieux, adroit, disponible quand il y avait un problème sur les machines, y compris en pleine nuit. Un jour je lui ai demandé pourquoi il ne devenait pas

chef d'équipe ; c'était comme si je l'avais offensé. D'ailleurs, le jour où je lui ai annoncé que je devenais cadre supérieur, il m'a dit : « Tu passes à l'ennemi ! », mais avec une certaine fierté néanmoins.

Quand j'ai eu à conduire la mise en place des trente-cinq heures dans le bureau de poste que je dirigeais, il s'est mis en mode « suivi de projet », me questionnant régulièrement sur comment je m'y prenais et comment se comportaient les syndicats avec moi. Ce furent des moments d'échanges passionnants ; je pense qu'il voulait vérifier si je ne devenais pas comme tous les responsables qu'il avait connus, si je restais en accord avec moi-même, mais aussi, si mes équipes ne me bousculaient pas trop.

Cette connaissance du milieu syndical grâce à mon père, m'a été très utile dans ma façon d'aborder le collectif lors de ces négociations. C'est là que je me suis aperçue que tout se construisait sur la confiance.

Cette valeur met du temps à s'installer et elle peut s'évanouir au moindre aléa. Si l'équipe a le sentiment d'avoir été trahie, même s'il s'agit d'un de nos prédécesseurs, elle met tous les managers dans le même sac. Et pour renouer le fil, il faut beaucoup de persévérance.

Chacun a une idée sur ce que l'autre a dans la tête, chacun campe sur des positions installées depuis des décennies et au final, qui gagne ? Ni les uns, ni les autres, car les relations sont basées sur la suspicion. Chacun pense savoir ce que l'autre est, et tout le monde se trompe.

Pour revenir sur les entreprises dites « libérées », elles ont fait le choix d'éliminer le management en pensant que c'était LA solution. « Peut-être, peut-être pas ! » comme je dis souvent.

Je trouve que l'approche est un peu facile et je crois que la solution n'est pas toujours là. Cette décision définitive dispense d'un accompagnement plus prégnant des managers en difficultés.

Ces responsables ont besoin d'être aidés pour faire évoluer leurs pratiques. Ce qui pose la question de la capacité des responsables au-dessus à les accompagner.

En effet, je pense que le manager est modélisant ; si un chef d'équipe n'active pas les postures managériales attendues, alors il me semble intéressant de voir comment le manager au-dessus fonctionne.

Quand on me demande un coaching pour un N-1**, je peux dire, au bout d'une ou deux séances, les axes de travail de son responsable, en lien avec la problématique de la personne accompagnée.

Je ne dis pas que le N+1 est responsable des manquements de son collaborateur, je dis que sa façon de manager et d'accompagner son équipier a un impact sur cette personne. Heureusement, cet impact peut être aussi très positif et faire progresser la personne en accéléré.

(**) Collaborateur immédiat

Être manager, c'est aussi donner de l'énergie à ses équipes, les nourrir professionnellement, mais aussi humainement et quelquefois, intellectuellement.

Quand je dirigeais le bureau du Chesnay, je prenais le café avec les deux cadres et nous commencions toujours, à leur demande, par une discussion portant sur nos lectures ou un échange très orienté philosophie. Après, nous attaquions le business.

A cette même époque, lors d'une soirée commerciale, le directeur du département m'a demandé comment cela se passait pour moi à la tête de ce bureau. Voici ce que je lui ai répondu : « *Tous les matins, je tends le bras et ils se branchent tous en perfusion !* »

J'ai lu une interview dans l'Obs, de Maël Virat[3], au sujet de son livre « Quand les professeurs aiment les élèves. Psychologie de la relation éducative ». Il dit : « *L'enseignant est dans une position de care giver. [...] La seule récompense de l'enseignant est de voir les élèves progresser. Et, éventuellement, d'entendre leur gratitude, des années après.* » J'y trouve une certaine résonance avec l'attitude humaniste d'un manager.

C'est pourquoi je crois très intimement que tout manager, comme tout coach, devrait faire un travail sur lui-même. Se connaitre permet de mieux comprendre l'autre et mettre en place des relations équilibrées.

D'ailleurs, les formations comportementales se développent dans les entreprises. Elles présentent cependant un écueil : croire que ces formations servent à prévoir le fonctionnement des autres et donc les mettre dans des cases. Ces formations devraient d'abord servir à mieux se comprendre soi-même afin de modifier notre relation à l'autre. Mais nous y reviendrons au dernier chapitre de cet ouvrage.

Comme tout être humain, le manager est pétri de croyances qui lui sont personnelles, fruit de son histoire, de son éducation, de ses rencontres, de ses représentations, de ses expériences.
Pendant longtemps, j'ai cru que manager, c'était donner des ordres. Cela n'a pas duré longtemps et il a bien fallu que je revoie ma vision du management, justement par la rencontre avec des managers ouverts sur de nouvelles pratiques. Paradoxalement, j'ai toujours eu beaucoup de goût pour le travail collectif.
Je t'invite à t'interroger sur tes propres croyances concernant l'exercice du métier de manager.
Qu'est-ce qui te semble adapté à ce métier, indispensable de faire ou d'être ? Ce qu'il te semble nécessaire d'être, de faire ou de montrer a-t-il été factuellement démontré ? Si la réponse est oui, alors c'est une réalité. Si la réponse est non, alors, c'est une construction qui t'est personnelle, issue de ton histoire.

Chaque fois que tu commences une phrase par « Je crois ... » ou « Je pense que ... », il y a des chances que tu sois devant une croyance.

Nous avons tous des croyances sur de multiples sujets ; je crois, par exemple, qu'il est préférable de fixer clairement les règles de fonctionnement relationnel à une équipe plutôt que d'entretenir le flou.
Certaines croyances nous aident à vivre et à résoudre nos difficultés, d'autres sont des freins et nous limitent. Ce qui est intéressant avec une croyance, c'est qu'on peut la changer. En effet, comme elle ne repose que sur des jugements, des a priori, des interprétations, des constructions mentales issues de notre passé, alors je peux décider de croire à autre chose.

J'ai accompagné un manager qui croyait qu'accepter la vision de ses collaborateurs le mettait à nu, lui retirait son statut de patron. Cette croyance l'amenait à imposer presque toujours ses idées afin de garder la main ; il lui était difficile de lâcher prise. Après une prise de conscience des conséquences pour lui, il a alors travaillé sur la construction d'une croyance ouvrant d'autres perspectives : « *Je crois que faire entrer la vision de l'autre est une ouverture et une aide au quotidien* ». Il a continué à enrichir cette croyance pour en retirer un appui solide afin de changer ses pratiques managériales.

Il existe aussi des croyances qui sont transmises de génération en génération de managers ; celle par exemple qui dit qu'un manager doit garder une distance avec son équipe, ne surtout pas montrer qui il est et ce qu'il ressent. Mes éclats de rire lors de certains conseils de direction ont pu sembler anachroniques, voire déplacés. Mais il se trouve que je pense préférable de se montrer, sans poser de masque. L'énergie mise à se cacher est plus utile ailleurs et ne permet en aucune façon de se protéger.

Une autre croyance consiste à penser qu'il ne faut jamais s'opposer à la hiérarchie. C'est à mon sens une des plus pernicieuses. Elle vise à laisser croire que, parce qu'on est au-dessus des autres par le poste, on y est aussi en tant que personne humaine.
Adhérer à cette croyance, c'est abandonner l'idée que nos idées sont éminemment respectables et acceptables, que nous avons le droit d'exprimer notre désaccord, que nous sommes tout pareillement des êtres humains. Nul n'a plus de valeur que l'autre.
Elle induit aussi des comportements complaisants vis-à-vis d'un hiérarchique, participe à développer des attitudes de courtisanerie qui risquent de fausser la perception d'un patron. Les collaborateurs le coupent de la réalité en lui donnant à voir une image flatteuse d'eux-mêmes et conformes à ce qu'ils pensent être l'attendu du patron. C'est comme une relation amoureuse, on essaie de se montrer tel que l'on pense que l'autre souhaite que l'on

soit. Mais ce n'est pas nous, et quand le naturel surgit, les ennuis commencent !

Quand un haut manager porte cette croyance, il va exiger, souvent de façon implicite, que chacun se conforme à sa vision, ses idées, ses décisions et s'appuyer sur ceux qui l'approuvent sans condition.

Quand il s'agit d'un collaborateur, il peut être guidé par la peur de déplaire au patron avec des conséquences, pense-t-il, sur, peut-être, ses possibilités de promotion.
Cette croyance est également dangereuse car elle nécessite une grosse prise de risque pour celui qui s'en affranchit. En effet, décider de ne pas filtrer la réalité pour son N+1, de se positionner clairement, de donner son avis et se donner le droit de poser sereinement son désaccord, devrait être reconnu comme une qualité. Or, être seul dans une équipe à avoir ce comportement est un vrai risque professionnel.

Pour ma part, je préfère un Non à un Oui qui n'en est pas un. Un de mes anciens directeurs disait aux membres de son conseil de direction d'arrêter de dire oui en conseil et de faire autre chose, dès la porte franchie. Il assimilait cela à un bras d'honneur. Le jour où il leur a dit cela, un froid sibérien s'est déployé dans la salle de réunion.

C'est d'ailleurs un des premiers sujets que j'abordais quand j'arrivais dans une nouvelle équipe, poser les permissions :

- Donner la permission de me dire non, de m'expliquer en quoi ce que je demandais était difficilement réalisable. Cela ne signifiait pas que je suivrais forcément l'avis donné, mais j'avais entendu le positionnement de mon équipier. Par contre, si on me disait oui, alors pour moi, la personne prenait un vrai engagement.
- Donner la permission de dire qu'on ne sait pas faire, qu'on a des difficultés et qu'on a besoin d'aide ; pour moi, ce n'est pas faire preuve de faiblesse (ceci est une croyance très ancrée dans le monde du travail), mais au contraire le signe d'une grande maturité.

Prendre conscience de ses croyances quand on est manager, y réfléchir pour s'affranchir de celles qui nous enferment, s'appuyer sur celles qui nous donnent de la puissance et de l'énergie, c'est souvent se faciliter la tâche, pour soi, pour les équipes.
Tu te doutes bien que cela ne suffit pas ; ta vision du management, construite notamment à travers tes croyances mais aussi tes expériences passées et tes rencontres, va définir en partie le manager que tu seras.

A toi de décider de tes devoirs envers ton entreprise et ton équipe, mais surtout du contenu de tes pratiques managériales.

« ...devez-vous créer ? De cette réponse recueillez le son sans en forcer le sens. Il en sortira peut-être que l'Art vous *appelle. Alors prenez ce destin, portez-le, avec son poids et sa grandeur, sans jamais exiger une récompense qui pourrait venir du dehors. »*

Rainer-Maria RILKE[4]
Lettres à un jeune poète

<u>En résumé</u>,

- Interroge ton envie de devenir manager
- Interroge tes croyances sur ce métier
- Précise ta vision du management : qui sont tes maitres à penser ?

LES SPECIFICITES DU MANAGEMENT

J'ai appris que tu avais décidé de prendre la responsabilité d'une équipe et tu me demandes : « Concrètement, c'est quoi le management ? »

J'ai bien mon idée, mais je te propose de regarder quelques définitions du mot « management » :
- « Un ensemble de techniques de direction, d'organisation et de gestion de l'entreprise » *(Larousse)*
- « La mise en œuvre des moyens humains et matériels d'une entreprise pour atteindre ses objectifs » *(Wikipédia)*
- L'ensemble des techniques d'organisation de ressources (financières, humaines, matérielles...) mises en œuvre pour la gestion et l'administration d'une organisation *(La petite entreprise)*

Ces définitions me semblent un peu désincarnées, un peu arides, un peu techniques.
La définition que je préfère c'est celle d'Alternatives Economiques citée dans notre échange précédent. Car

pour moi, les femmes et les hommes sont au cœur du management.
C'est l'orientation clairement assumée que j'ai donnée à l'exercice de mon métier. C'est pour cette raison que, rapidement, je me suis intéressée au « comment » avant d'examiner le « combien ». Je crois que lorsqu'on réalise une tâche telle qu'elle est attendue, le résultat est, la plupart du temps, là. En fait, il n'est qu'un alerteur. Le plus important, c'est de comprendre comment on a réussi et être en capacité de reproduire cette performance.
Un de mes patrons disait à ses équipes qu'elles savaient expliquer ce qui n'avait pas marché mais qu'elles étaient incapables de donner des précisions sur les conditions d'un succès reproductible.

J'étais une responsable commerciale et pourtant j'avais une certaine distance avec les chiffres ; ceci a été diversement apprécié. J'ai toujours pensé que les résultats ne reflétaient pas systématiquement le travail fourni. Mais quand on est entouré de commerciaux qui ne pensent qu'en rouge et vert (couleurs des tableaux de bord des résultats bien entendu !), ma vision des choses n'a pas toujours été entendue. Mais j'ai résisté et certains ont commencé à regarder dans la même direction que moi.

Les personnes que l'on nous demande de diriger vont passer plus de temps avec nous qu'avec leur famille et leurs amis. Cela engage un responsable.

En effet, les conditions de travail et la qualité des relations interpersonnelles créent un environnement qui peut se révéler épanouissant mais aussi sujet à stress maximum. En tant que manager, nous portons une responsabilité dans la nature du cadre de travail.

C'est pourquoi, un manager doit s'attacher à créer une ambiance et à la cultiver. Car il peut arriver qu'une intervention trop tardive ou pas d'intervention du tout détériore de façon significative le relationnel du collectif.

Il est quelquefois indispensable de sonner la fin de la récréation et d'intervenir afin de réguler les relations, mais l'intervention doit se faire au bon niveau.
J'ai eu à conduire une médiation entre deux agents. Au-delà des motifs qui avaient amené cet état de guerre ouverte qui polluait les relations de tout le personnel, il s'est avéré que la responsable d'une des parties prenantes avait eu un positionnement équivoque. Elle n'avait pas fait le nécessaire au début du conflit, en recadrant la personne, et elle était restée en retrait au plus fort de la tempête, laissant la directrice de la structure seule à gérer les tensions. Les deux managers ont eu des comportements qui n'ont en rien aidé à solutionner le problème. L'une n'a pas fait son job de manager avec sa N-1 et l'autre a pris tout le monde en charge et s'est retrouvée en première ligne.

S'intéresser à la façon de travailler de ses collaborateurs nécessite du temps pour écouter et observer, mais aussi un minimum d'organisation avec une remise en perspective des actes de management.

Pour moi, un acte de management est un temps dédié à un collaborateur ou à une équipe afin d'examiner avec la personne ses pratiques, lui apporter du soutien et des encouragements mais aussi un recadrage. C'est aussi un temps pour analyser son travail ensemble, passer les messages et prendre le pouls du terrain.

L'analyse est une tâche essentielle pour un manager. C'est une nécessité pour avoir une compréhension de la situation et déployer les actions pertinentes. C'est pourtant ce que j'ai vu peu à peu disparaître chez les managers que j'ai accompagnés ces dernières années.

Ce savoir-faire a été remplacé par de simples constats (vert : tout va bien, rouge : action immédiate). Or j'affirme qu'un indicateur au vert peut être un mauvais résultat et un indicateur au rouge, signe encourageant d'une remontée vers le plan de marche.

Quelques semaines après mon arrivée en Gironde, un nouveau produit bancaire est sorti. En un mois, notre « petit » groupement rural était en tête du département et dans les tous premiers de la région. Et pourtant, je n'ai pas hésité à casser l'ambiance en présentant à mes nouvelles équipes leurs résultats et en ne les félicitant pas : ces résultats étaient, à quatre-vingt pour cent, ceux d'une seule personne sur une équipe de vingt-cinq commerciaux.

L'indicateur était joli mais l'équipe, à une exception près, n'avait pas fait le job !

C'est pour cela que j'invite les managers que je rencontre à s'obliger à faire régulièrement des analyses afin de poser les réponses appropriées. Ce n'est pas du temps perdu ! De plus, cela évite de ne fonctionner que sur le court terme. Souvent il faut du temps pour que le changement se manifeste puis se pérennise.

Changer demande un effort pour chacun d'entre nous, quel que soit le niveau hiérarchique parce que c'est le lot de chaque être humain. Une personne va changer parce qu'elle va y trouver un intérêt positif ou négatif, mais elle y trouve nécessairement quelque chose. Il est indispensable que le changement fasse sens pour elle et ce sens est différent pour chaque individu. C'est pour cela aussi que les injonctions au changement ne servent à rien, sinon à rebuter le personnel.

Au moment de la mise en place des trente-cinq heures et avant de commencer à travailler sur quelque forme d'organisation que ce soit, j'avais adopté l'approche suivante : proposer à chacun de réfléchir sur la destination de ce temps de repos supplémentaire. Voulaient-ils l'utiliser pour s'occuper de leurs enfants, pour s'occuper d'un parent, d'eux-mêmes, pour prolonger un week-end ? Car leur réponse pourrait avoir un éventuel impact sur le mode d'organisation du travail mais surtout cela leur permettait d'ouvrir, pour eux-mêmes, une réflexion sur leur vie personnelle.

Et puis, effectuer un diagnostic régulier évite aussi une maladie chronique : l'empilement des plans d'actions !
Je t'invite à effectuer un petit travail. Choisis un de tes proches collaborateurs et comptabilise sur une année, le nombre d'actions qui lui aura été demandé de conduire.
Au cours de l'accompagnement d'une jeune directrice de secteur, je lui ai demandé ce travail. En effet, elle ne comprenait pas que ses collaborateurs ne fassent pas ce qu'elle attendait d'eux. Ce n'était pas particulièrement contre elle, mais plutôt une attitude désengagée. A l'entretien suivant, elle était effarée, elle avait comptabilisé quelques quatre-vingt plans d'actions pour une seule personne sur un an. Peu avaient produit du résultat, peu avaient été suivis, la plupart étaient issus de la ligne managériale au-dessus d'elle, à charge pour elle de les faire mettre en œuvre.

Le changement, pour nécessaire qu'il soit, doit être du cousu-main. A partir d'un objectif collectif, chacun prendra le chemin qui lui est le plus approprié. Il pourra s'inspirer de celui d'autres personnes, et en cela le partage d'expériences est précieux, mais il pourra aussi être innovant ou atypique ou parfaitement classique. Et manager une personne, c'est justement l'accompagner sur ce chemin-là : « *Traitez les gens comme s'ils étaient ce qu'ils pourraient être et vous les aiderez à devenir ce qu'ils sont capables d'être »* Claude Onesta[5].

Le management se décline dans une approche individuelle mais aussi collective et les deux approches sont complémentaires.
L'entretien professionnel annuel est un acte de management. Il est important, tellement important à mes yeux que je l'appelle l'acte de management « Source ».
De lui, découleront tous les autres temps de rencontre. C'est notamment au cours de cet entretien que sont fixés les objectifs de l'année à venir et évalués ceux de l'année écoulée.

Fixer des objectifs me semble nécessaire afin que chacun sache ce que l'entreprise, représentée par son N+1, attend de lui. Ensuite, la partie la plus délicate, ce sont les modalités d'évaluation.
Il existe une tendance actuelle qui conduit à se pincer le nez quand on parle d'évaluer les résultats d'un collaborateur. C'est, à mon sens, toujours la même antienne : plutôt que d'aider les managers à mesurer, à se baser sur du factuel, à prendre en compte le contexte de l'entreprise et celui de la personne, la hiérarchie laisse souvent les managers de proximité se débrouiller ; et donc, cela conduit à une remise en question de l'existence même de ces entretiens. Il appartient à chaque niveau supérieur

de s'assurer de l'utilisation correcte des outils qui sont fournis aux niveaux infra et surtout de montrer l'exemple. J'ai lu récemment un article sur le net indiquant que certains consultants conseillaient à leurs clients la suppression de l'entretien annuel, au motif qu'ils étaient mal conduits et n'apportaient rien au personnel. Une catégorie de personnel ne sait pas faire, on la fait disparaître (entreprises libérées) ; une tâche essentielle ne donne pas le résultat attendu, on la supprime.

C'est pratique, innovant, mais cela n'aidera pas le manager à résoudre la difficulté qu'il a rencontrée pour conduire des entretiens de qualité, et donc il n'apprendra rien sur lui-même.

J'ai vu chez des clients, des grilles d'évaluation, pourtant validées par des organisations professionnelles, où le niveau s'exprimait avec des « Très bien », « Bien », etc. ... Pour moi, c'est considérer son collaborateur comme un élève, ce qu'il n'est pas et d'ailleurs cela ne me semble pas adapté même pour un élève.

Il s'agit plutôt d'un jugement et un jugement n'est jamais objectif. Ce qui est très bien pour l'un, ne l'est pas au même niveau pour l'autre. Tout est question de repères personnels.

Tu vas bientôt conduire ton premier entretien annuel. J'aimerais te poser quelques questions : Comment vas-tu déterminer où en sont tes collaborateurs ? Sur quels éléments factuels vas-tu t'appuyer ? Où prends-tu tes informations : dans ton ressenti, dans l'image que tu as de l'autre, dans les propos qui te sont rapportés par d'autres membres de l'entreprise ou sur des faits précis ? Et quand une personne n'atteint pas ses objectifs, qui est responsable ? L'équipier ? Le manager ?

A cette dernière question, ma réponse est : les deux. L'un n'a pas pu, pas su ou pas voulu mettre en œuvre ce qui lui aurait permis de réussir ; l'autre n'a pas pu, pas su ou pas voulu mettre en place les accompagnements et suivis qui auraient guidé son collaborateur. Les deux se retrouvent parfois un an après en se demandant quels étaient les objectifs fixés et à quel niveau ils sont.

En fait, l'entretien annuel constitue l'ossature des autres actes de management. C'est lui qui donne le sens et permet l'articulation dans le temps des rencontres suivantes.
C'est pour cela qui est nécessaire de lui consacrer du temps : c'est le moment de se poser avec son équipier.
Ensuite, je vais utiliser des rencontres individuelles (Points intermédiaires) pour assurer un suivi régulier de l'évolution des objectifs à atteindre. Leur fréquence variera selon la maturité de la personne sur le métier et quelquefois des Points d'étape plus rapprochés seront nécessaires.
Les fréquences et les contenus ont intérêt à être choisis de concert avec le N-1 et les durées absolument maitrisées. Rien n'est plus désastreux qu'un entretien trop long.

Par ailleurs, quand cela est faisable, le management collectif possède des atouts intrinsèques. Le maniement est plus sensible mais l'efficacité décuplée.

Réunir régulièrement l'équipe permet une meilleure connaissance des uns et des autres, un partage des réussites et des difficultés, un soutien par les pairs.

Une équipe est toujours plus puissante que la somme des individus qui la composent. C'est aussi un signe d'appartenance fort qui facilite l'engagement des personnels.

Les dernières équipes de commerciaux que j'ai dirigées n'étaient pas motivées par des récompenses individuelles mais seulement par des moments collectifs. Il m'a fallu un peu de temps pour comprendre certaines surperformances ; ces commerciaux portaient tous une valeur commune : l'esprit d'équipe.

Dans tous ces échanges individuels ou collectifs, je vais m'intéresser à la manière de travailler des personnes. Je vais les questionner sur leurs réussites, je vais les écouter, vraiment, pleinement. Regarder un succès, c'est permettre au collaborateur de prendre conscience de sa valeur. C'est aussi l'occasion de le féliciter (c'est évident dit comme cela, mais ce n'est pas si naturel pour certains managers) et de repérer ce qui pourra devenir un levier ou un ancrage plus tard, dans des circonstances similaires.

Et pour savoir réellement comment ils s'y prennent, je vais les accompagner en situation professionnelle. Rien de tel que l'observation pour pouvoir bénéficier d'un effet miroir.

J'ai recruté un jour un commercial de haute volée qui ne supportait pas d'être accompagné en clientèle. Quand je lui ai proposé un poste auprès de moi, je lui ai précisé que l'accompagnement ne se négocierait pas ; il l'avait bien compris et décidé d'accepter néanmoins le poste.
Techniquement, je n'avais rien à lui apprendre, par contre, il a pu prendre conscience de sa façon de se tenir en entretien, de l'impact de ses mots sur les clients. Bref, je lui apportais un autre regard sur son travail, certes différent de celui apporté par notamment des experts, mais avec une vraie plus-value.

L'accompagnement notamment de managers est très éclairant ; j'ai accompagné des managers qui avaient tellement préparé l'entretien qu'ils ne laissaient aucun espace à leur N-1 : il est arrivé une fois qu'un agent profite que la chef d'équipe reprenne sa respiration pour signaler que lui aussi avait des idées à proposer !
L'accompagnement va aussi permettre de mettre en lumière les injonctions managériales. Nous n'avons pas une tendance naturelle à mettre en place des actions qui nous sont imposées. Cette réaction est due principalement à la façon de fonctionner de notre cerveau.
En effet, le cerveau n'est pas câblé pour la nouveauté ; je dirais que c'est plutôt une machine à recycler. Mettre en place une nouvelle façon de faire lui demande de créer des connections et seule la répétition permet l'acquisition. Le cerveau doit tracer un nouveau sillon.

C'est aussi pour cela qu'il est préférable de choisir soi-même ce que l'on se sent capable de mettre en œuvre car souvent, on s'appuie inconsciemment sur des savoir-faire antérieurs. Et puis, on peut avoir une idée de génie, une fulgurance face à une situation.

Parce que j'estime que l'accompagnement d'un collaborateur est essentiel pour avoir une vision assez factuelle de ses pratiques, parce que j'ai constaté que les managers ne savaient pas le plus souvent se mettre en phase avec leurs N-1, j'ai conçu une formation pour devenir manager accompagnant. Je ne souhaite pas utiliser le terme de manager-coach car ce vocable cache une grande diversité d'interprétations. Je propose aux managers d'apprendre à mettre en place l'accompagnement qui sera adapté aux valeurs et aux modes d'apprentissage de chacun des collaborateurs.
Pour ce faire, j'utilise la Spirale dynamique de Clare W. Graves qui pose le postulat suivant : l'humanité a évolué par strates. Celles-ci sont générées par un changement des conditions de vie et une nécessaire adaptation des capacités cérébrales et donc des comportements ; il n'est pas question ici d'intelligence. Chaque système de comportements correspond à des valeurs personnelles spécifiques ; il se superpose au précédent, en intégrant tous les acquis. Le positionnement de chaque individu est le fruit de son histoire, de ses propres apprentissages, de sa propre évolution vers quelque chose qui lui correspond

mieux à un moment donné. La Spirale s'applique tout aussi aisément à une entreprise, à une société.

Il est intéressant d'avoir connaissance de notre propre positionnement et de celui du collaborateur car ainsi cela va faciliter le dialogue et permettre de d'adapter les modalités d'accompagnement.

Quelqu'un qui est un performeur, pour qui le résultat est essentiel, n'apprendra pas de la même manière qu'une personne pour qui le collectif et la coopération sont essentiels. Le manager devra donc se mettre en phase avec son collaborateur et non attendre que ce soit lui qui se mette à sa portée.

La partie de nos échanges qui concerne la mise en œuvre des actes de management te fait réagir.

Tu me dis que tu n'as pas le temps d'ajouter des moments réguliers dans ton agenda, que de toutes les façons, tu vois tes collaborateurs tous les jours et que vous parlez de vos dossiers.

Cette objection, cela fait des années que je l'entends. Les échanges entre deux portes, à la pause-café, sont bien sûr importants mais n'ont pas la même finalité qu'un acte de management structuré. Le proverbe dit que les paroles s'envolent et que les écrits restent. J'adopte cette croyance pour un management efficace et je t'invite à méditer sur ces mots empreints de sagesse de Sénèque[6] : « *Ce n'est pas que nous disposions de très peu de temps, c'est plutôt que nous en perdons beaucoup* ».

As-tu déjà demandé à un de tes subordonnés, à la fin d'un entretien, ce qu'il retenait des actions à conduire ? Essaie, tu seras surpris !
Mais j'entends ton objection, aussi je te propose de structurer ton organisation.

C'est montrer du respect à l'autre que de lui consacrer du temps. Se poser, écouter, se mettre en phase avec lui et apporter le soutien adapté, en fonction de qui il est et de ses valeurs profondes.
Chaque collaborateur est différent par sa personnalité, par son cursus personnel et professionnel. C'est pourquoi chacun devra bénéficier d'un management personnalisé.
Alors, selon le nombre de collaborateurs directs que l'on a, il est indispensable de bien s'organiser.
Quand on court après le temps, il est important de se demander : « Suis-je sur mon cœur de métier ? Quelles sont mes priorités ? »
J'utilise avec mes clients un outil que j'ai adapté, les domaines de vie d'Hudson. Il s'agit de visualiser la répartition et le poids de nos activités professionnelles à un instant donné et de projeter la situation idéale. Il ne reste plus qu'à constater les écarts significatifs pour se donner une ligne de progrès.
Mes interlocuteurs se sont très souvent aperçus qu'ils ne consacraient qu'une faible partie de leur temps à leurs collaborateurs. Cette prise de conscience a permis l'évolution de leurs pratiques managériales.

Je t'invite à te poser la question suivante : un manager qui ne fait pas de management, que fait-il ? Plein de choses extrêmement urgentes et importantes !
Aussi vais-je te confier un secret : c'est parce que manager est difficile qu'il est plus aisé de s'intéresser à des activités plus simples ou techniquement plus accessibles !

C'est pourquoi il arrive souvent qu'on adopte une stratégie d'évitement : se trouver mille autres activités et donc s'organiser inconsciemment pour ne plus avoir de temps disponible pour rencontrer formellement les collaborateurs.
J'ai rencontré voici plusieurs années, au début de la mise en place des conseillers bancaires, un directeur d'établissement qui passait toutes ses fins d'après-midi à trier le courrier avec ses agents. Ses trois conseillers, en période d'apprentissage, étaient en pilotage automatique. Et quand il n'y avait nul besoin de sa présence, il trouvait autre chose à faire. Je crois qu'il n'a pas débriefé une journée avec son équipe bancaire.

C'est pour toutes ces raisons qu'il me semble nécessaire de planifier ces entretiens sur plusieurs mois. L'intérêt est triple : je sais qui je rencontre et quand, je peux donc préparer l'échange ; mon équipier sait quand il va me rencontrer, il peut lui aussi se préparer ; enfin, avec des dates sanctuarisées, non seulement je gère plus facilement mon temps mais surtout je suis maitre de mes choix.

En effet, je peux être en situation de subir des évènements indépendants de ma volonté (réunions obligatoires, déplacements, …) ; c'est normal, c'est la vie. La concomitance d'un aléa avec un rendez-vous planifié me permettra soit de déplacer ce rendez-vous, soit de le supprimer ; en tout état de cause, je décide ce que j'en fais et ainsi je maitrise mon agenda.

Une particularité mérite d'être signalée : au fur et à mesure qu'on s'intéresse aux actes de management des responsables de plus en plus haut dans la hiérarchie, on constate que les rencontres sont de plus en plus rares, quelquefois par téléphone, quelquefois prévues pour une heure et terminées en dix ou vingt minutes. Le top management est vraiment très occupé.

Je me suis toujours demandé la raison de cette absence de rencontres individuelles avec les collaborateurs, à ces niveaux-là. J'émets l'hypothèse qu'il existe une croyance selon laquelle plus on a de responsabilités, moins on a besoin d'être managé.

Je ne partage pas cet avis ; quel que soit le niveau où on se situe, j'estime que le regard du N+1 sur notre travail est nécessaire et enrichissant, même si on est autonome et performant.

Dans mon entreprise, j'ai observé que le top management avait de fortes exigences vis-à-vis des managers opérationnels, notamment sur la réalisation d'actes de management précis. D'ailleurs, ils se déplacent sur le terrain (ce qui est une bonne chose) pour regarder comment ces responsables s'y prennent avec leurs équipes (mais est-ce toujours le bon niveau à observer ?). Par contre, les directeurs du Siège qui s'appliquent à eux-mêmes ce qu'ils demandent à ces managers, sont rares.

Il y a plusieurs années déjà, j'ai eu l'occasion de rencontrer un de ces responsables. Il pestait contre les directeurs départementaux car ces derniers interprétaient la stratégie à leur manière, chaque département réinventant les directives, les fiches de poste. A l'époque déjà, j'avais posé la question du management de ces directeurs ; c'était un peu impertinent, mais le patron en question avait convenu que ce management n'existait effectivement pas dans les faits. J'en étais d'ailleurs à me demander si l'auto-management n'était pas la pratique usuelle à ces niveaux hiérarchiques.

J'estime que c'est un grand risque social, car si la hiérarchie se montre de plus en plus vigilante sur les pratiques managériales à destination des agents, elle l'est beaucoup moins sur celles qui concernent les cadres supérieurs et stratégiques. Et je peux en témoigner personnellement.
Cependant, alors que j'écris ces lignes, je crois que je viens d'en trouver un. Un nouveau « grand chef » est en poste depuis peu.
Au cours d'un échange un matin, je lui ai demandé comment il accompagnait ses N-1, c'est -à-dire des directeurs régionaux. Il s'est prêté à l'exercice avec une

grande simplicité. Il m'a dit combien il était important pour lui d'être congruent et par l'exemplarité de ses pratiques, de montrer le chemin pour l'ensemble des équipes. Je n'aurais pu mieux dire. La vie est décidément pleine de surprise !

Accompagner les équipes est une part importante du management, mais ce n'est pas la seule. Un manager complet doit savoir diriger, c'est-à-dire donner une direction et la faire exécuter, mais également coordonner et faire fonctionner l'organisation. Enfin, il devrait être capable, quel que soit son niveau, de viser en permanence l'amélioration de l'existant et la préparation de l'avenir.
Enfin, il est aussi de sa responsabilité de promouvoir de nouvelles méthodes de travail, plus efficaces, plus en phase avec l'environnement du personnel. Je dis « promouvoir » et non « apporter » de nouvelles méthodes, car il est beaucoup plus efficace que ce soit ceux qui sont au plus près de la tâche qui proposent une nouvelle approche. Bien sûr, le manager a le droit d'avoir des idées (et il n'en manque pas la plupart du temps !).

J'espère avoir réussi à partager avec toi l'intérêt que je porte à ces temps managériaux. Il me semble d'ailleurs qu'il s'agit du premier devoir d'un manager.
Mais un manager a d'autres devoirs.
À quoi devraient s'obliger tous les managers ? T'es-tu déjà posé cette question ? Les droits et devoirs du personnel

sont fréquemment évoqués, mais ceux d'un responsable vis-à-vis de son équipe ?

J'ai coutume de dire que consacrer du temps à ses équipiers, est une forme de respect. Mais dans ma boussole de manager, il y a un autre devoir essentiel : celui de protéger son équipe.
Avant de demander quoi que ce soit à un subordonné, il est indispensable qu'il connaisse les règles du jeu. Poser le cadre de travail, fournir une fiche de poste précise et actualisée, rédiger une lettre de mission pour toute activité hors de la fiche de poste, donner des attendus clairs, tout cela compose le minimum vital pour éviter toute ambiguïté. Mais cela ne suffit pas.
Le cadre, disons règlementaire, fixé, il reste à poser les limites, les règles et les modalités de suivi du travail du collaborateur.

Mes équipes, qui me connaissaient bien, à chaque nouveau projet ou dossier, me posaient la question suivante : « Est-ce négociable ? » Et quand je répondais : « C'est non négociable ! », on se mettait au travail sans plus parlementer. Cela arrivait principalement quand il s'agissait de directives du Siège ou de la direction locale. Et je sais que certains ont repris la méthode ; cela les fait beaucoup rire, à ce que l'on m'a rapporté.

Dans chaque projet que les opérationnels doivent mettre en œuvre, il se trouve toujours un espace de liberté, il suffit de le chercher. Il me semble normal de respecter le cadre donné mais il est important que les équipes puissent y mettre un peu d'eux-mêmes. C'est à cette condition qu'un projet, une démarche ou une méthode fera sens pour les collaborateurs.

Au-delà de l'explication stratégique que chacun a à connaitre, chaque collaborateur doit pouvoir y trouver sa place et l'occuper avec ce qu'il est. Vouloir uniformiser par exemple une méthode de vente, pourquoi pas. Mais décider que tout le monde parlerait au client de la même façon, avec les mêmes mots, au même moment d'un entretien, est tout simplement la négation de l'individu. On en arrive à des équipiers qui ânonnent des phrases sans toujours en comprendre la finalité pour les plus dociles, mais d'autres se mettront immédiatement en mode rébellion. Un entretien avec un client est réussi, si ce dernier a pu exprimer ce dont il a besoin et s'il participe à la construction de la solution commerciale.

« Respecter les règles de l'entreprise est une obligation pour chacun. Dans ce cadre-là, mon devoir est de défendre mes équipes. Outrepasser une règle sans mon accord, c'est prendre un risque que la personne aura assumé seule » : Je le sais, elle le sait !

Poser ce fonctionnement en arrivant dans toute nouvelle équipe est une étape à ne pas négliger. Chacun a le droit de savoir comment fonctionne son responsable ; d'ailleurs, je n'ai jamais eu le moindre problème avec une organisation professionnelle. Car chacun sait reconnaitre le mérite de la clarté et de la cohérence entre les paroles et les actes.

Ces principes sont là pour donner le maximum de sécurité aux collaborateurs. En effet, le flou est facteur de difficultés, d'incompréhensions, d'interprétations. Dire les choses apporte du confort à chacun dans son travail.
Mais un manager a aussi le devoir de favoriser l'évolution de ses équipes ; cela passe notamment par la délégation : vaste sujet !

Tu m'as déjà interpelée sur la difficulté à responsabiliser ton adjoint. D'ailleurs, tu ne comprends pas pourquoi il n'avait pas fourni le travail attendu comme tu avais l'habitude de le faire. Ma réponse est : « Cela n'arrivera jamais ! » Pourquoi ?
Mais tout simplement parce que l'autre est AUTRE ! Ton adjoint est une personne différente de toi, avec une histoire différente, avec une personnalité différente, il est donc naturel qu'il agisse de façon différente. En quoi est-ce un problème à partir du moment où le résultat attendu est atteint ? Je sais, cela demande beaucoup de lâcher-prise et de confiance. Ne trouves-tu pas que cela participe à l'attrait du management ?

J'ai rencontré des chefs d'entreprise qui considéraient qu'ils ne pouvaient rien déléguer car leurs employés étaient, soi-disant, incapables d'assurer autre chose que leurs tâches habituelles. Je trouve ce discours fort irrespectueux vis-à-vis de personnes qui, par leur travail, contribuent à la réussite de leur entreprise. Il s'agit surtout, pour ces managers-là, de garder le contrôle et parfois, de montrer combien ils sont indispensables. Ce n'est bon ni pour leur entreprise, ni pour les équipes, ni pour eux, ni pour leur famille.

Car, un manager qui ne délègue pas, à condition bien sûr que les compétences existent ou puissent être développées, est forcément débordé et donc se met en risques.

Le manque de compétence des collaborateurs souvent mis en avant est la plupart du temps, une objection prétexte.
Ce jugement, car cela en est un, est aussi utilisé pour mettre des personnels à l'écart.
Il est arrivé à plusieurs reprises dans ma carrière, qu'on me confie des personnes dont aucun autre manager ne voulait. Je les ai accueillies avec le souci de trouver avec elles en quoi elles pourraient contribuer au bon fonctionnement de mon service et je n'ai connu qu'un seul échec. Je leur ai délégué des travaux souvent essentiels, mais j'ai toujours veillé à accompagner les personnes pour assurer la réussite de la délégation. Chacun a intérêt à ce que cela marche.
C'est pourquoi une délégation est cadrée (la tâche - ou les tâches - est précise : je sais, moi collaborateur, jusqu'où je peux aller), les compétences sont vérifiées ou potentiellement elles pourront être développées, les objectifs sont précis, elle est mise sous pilotage et surtout, elle doit être acceptée.

Quand je délègue une activité, je témoigne en même de temps de la confiance que je porte à la personne.

Tu objectes que former son collaborateur demande du temps et que si tu fais toi-même le travail, cela ira beaucoup plus vite ! Oui, sur l'instant ! Non, dans la durée ! Bien sûr, il y a une mise de départ, mais les bénéfices seront importants pour les deux parties.

Celui qui sait déléguer peut se recentrer plus aisément sur ses priorités. Par ailleurs, la montée en compétence de ses collaborateurs sur de nouvelles responsabilités les conduit à l'autonomie. Ceci est un vrai atout pour une entreprise en termes de performance mais aussi d'épanouissement des équipes.

Celui qui reçoit une délégation est fondé à y voir un signe de confiance et la reconnaissance de sa valeur professionnelle. Cela peut être aussi le moyen de se préparer à une promotion.

Je pense que tout manager a le devoir d'encourager l'expression du personnel ; pas seulement sous l'aspect revendications, mais plutôt co-construction ou coopération. Nos équipes ont souvent des idées plus révolutionnaires que les nôtres ; les aider à les concrétiser, si cela est pertinent et possible, est un signal fort donné par la hiérarchie ; c'est aussi le pari d'un changement de pratiques réussi parce qu'impulsé par la base.

Enfin, je mettrai dans les devoirs d'un manager, le devoir de sanction. Je suis volontiers provocatrice en utilisant ce mot mais c'est, pour moi, le terme idoine. Pour moi, la sanction a deux faces : féliciter, récompenser ou réprimander, punir.

Un de mes associés me faisait remarquer que, dans toute la littérature sur le management (formations comprises), l'accent est mis sur la nécessité de faire des feed-back positifs à nos équipiers.
Cela est juste ; c'est certainement dû au fait que pendant des années, entendre un responsable dire que le travail est bien fait, était plutôt rare. En fait, nous regardons assez immédiatement ce qui dysfonctionne et avec un peu plus de lenteur, ce qui est réussi.

Ce type de comportement me semble bien français ; j'ose faire un lien avec notre regard sur l'échec. Je parle souvent du livre de Charles Pépin, philosophe français, *Les vertus de l'échec*. Il y exprime avec clarté comment les Anglo-Saxons se servent de leurs échecs pour rebondir. Il rapporte que, pour eux, quand on a échoué, au moins une fois, c'est que l'on a essayé et c'est un vrai atout.
Nous, Français, nous préférons ne pas essayer plutôt que d'être confronté à l'éventualité de l'échec et donc au regard désapprobateur de l'autre. Ceci explique notamment notre difficulté à maitriser les langues

étrangères car, en classe, nous n'osons tout simplement pas parler de peur de faire une erreur.

Féliciter ou réprimander doit se faire à bon escient, avec le bon « timing » et cela doit avoir du sens pour la personne concernée bien évidemment, mais aussi pour le manager lui-même.

J'ai rencontré une fois un client qui avait félicité un subordonné ; quand je lui ai demandé quel objectif il poursuivait, il m'a répondu qu'il avait appris en formation qu'il fallait féliciter ses collaborateurs !

Pour certains managers, il est difficile d'envoyer des signaux positifs ; j'ai eu une directrice, qui au milieu d'un échange positif, trouvait toujours le moyen d'envoyer un Scud.

Mais pour d'autres, sanctionner négativement, est tout aussi difficile. La peur, chez le manager, est souvent aux commandes.

Quand un manager punit ou fait des remontrances, il peut avoir parfois l'impression de devenir le « méchant » manager. Endosser ce rôle nous renvoie au regard des autres sur qui nous sommes ou qui nous voudrions être.

De plus, depuis quelques années, certains managers s'empêchent car il existe un risque avéré d'être accusé de harcèlement moral.

Le harcèlement moral existe et j'ai eu à subir cette terrible expérience, mais il ne faut pas se cacher la réalité : certains collaborateurs en profitent pour essayer de faire virer un manager qui ne leur convient pas. Il peut arriver d'ailleurs que toute la ligne hiérarchique se tétanise, devienne la caution de ces agents et se mette à douter du manager.

J'ai rencontré des managers qui ont eu l'impression que le ciel leur tombait sur la tête, alors qu'ils faisaient leur travail de responsable.

C'est pourquoi un manager doit être précis, s'appuyer sur des faits et être capable d'apporter les preuves des manquements. Car, outre le factuel, le ressenti des collaborateurs va prendre une place prépondérante dans les relations.

Le manager n'a pas à se positionner systématiquement comme le sachant ; je partage les propos de Jean-Louis BIRIEN[7] : *« L'homme d'expérience n'est pas là pour dire « je connais, j'ai déjà fait ... » mais plutôt pour libérer les imaginations, pérenniser les compétences clés, canaliser les énergies, faire respecter les différences, donner un sens au travail des groupes ... en évitant les utopies ou les emballements »*

Manager demande à la fois de l'organisation, de l'anticipation, de la rigueur, persévérance, de l'écoute et un peu d'intuition. Mais cela nécessite un grand lâcher prise. En effet, pour paradoxal que cela puisse te sembler, il va être essentiel, pour toi, d'apprendre à laisser venir les choses, à faire avec ce que l'autre apporte dans la relation. Car l'enjeu va être de mettre en place des relations saines et équilibrées dans un respect réciproque. Et les relations que tu vas nouer individuellement avec chacun des membres de l'équipe seront bien différentes de la relation avec le collectif.

« J'ai frappé à la porte, on a demandé : Qui est là ? » J'ai répondu : « C'est moi » ; la porte ne s'est pas ouverte.
J'ai frappé une seconde fois. On a demandé à nouveau : Qui est là ? » J'ai répondu : « C'est moi » ; la porte ne s'est pas ouverte.
J'ai encore frappé, on a demandé : Qui est là ? » J'ai répondu : « C'est Toi » et la porte s'est ouverte. »

Arnaud Desjardins[8]
En relisant les Evangiles

En résumé,

- Observe comment ta vision du management impacte tes comportements
- Interroge la pratique de tes actes de management et le sens que tu leur donnes
- Construit ton agenda avec tes collaborateurs
- Pose un regard lucide sur ta capacité à déléguer, à donner des feedbacks

LES RELATIONS AVEC L'EQUIPE

Voici quelques temps que tu as pris ton nouveau poste et tu t'aperçois de la diversité des comportements de tes collaborateurs vis-à-vis de toi. Si, avec certains, tu as constaté que le « courant » passait bien, avec d'autres, cela se révèle déjà un peu plus compliqué.
Je te dois la vérité : le plus difficile du métier commence ! Je vais d'abord te raconter une histoire vraie : ...

Lors de mon arrivée sur un précédent poste de manager, j'ai découvert que, six mois avant, les trois quarts de l'établissement défilaient dans les rues de Versailles, l'encadrement à leur tête. Au cours de mes entretiens de prise de contact, j'ai appris qu'ils avaient beaucoup apprécié mon prédécesseur mais qu'ils s'estimaient trahis par lui pendant la réorganisation précédente des services. C'est ainsi que j'ai compris qu'ils faisaient un transfert ; ils me faisaient crédit d'une nouvelle approche du management, ils avaient envie d'essayer, mais ils ne pouvaient s'empêcher de me mettre dans le même sac que le précédent directeur : ils ne voulaient pas se risquer à faire à nouveau confiance pour ne pas être déçus.

Tant qu'ils n'avaient pas pris conscience de ce transfert, je ne pouvais activer aucune forme de participation et encore moins de coopération. Le travail que je leur ai proposé a consisté à nommer ce qui se passait, à apprendre à être congruent (ils attendaient cette posture de moi, je leur ai proposé à eux aussi de la mettre en pratique), à leur fixer clairement le cadre en mettant en avant les espaces de liberté et les éléments non négociables : la confiance s'est nouée et ils ont construit ensemble le projet de passage aux trente-cinq heures.

Certains syndicats ne signaient plus aucun accord en France, au moment de la présentation de la nouvelle organisation ; pour mon établissement, l'accord a été validé (une seule abstention, juste pour ne pas dire qu'ils avaient cautionné un accord, mais pour que cela passe quand même).

La direction de cette équipe fait partie d'une de mes plus enrichissantes expériences managériales.

A contrario, dans le poste suivant que j'ai occupé, ce fut un véritable fiasco. Le job était techniquement plus difficile, mais semblait apparemment plus facile sur l'aspect managérial. En effet, je passais de soixante-quinze personnes, en majorité des agents très syndiqués, à trois cadres supérieurs. Je me suis concentrée sur l'apprentissage de la technique (la mise en œuvre d'une démarche qualité sur trois niveaux hiérarchiques en même temps) et je n'ai pas compris ce dont avaient besoin ces trois collaborateurs. Avec le recul, je crois que je m'étais laissée griser par mon succès managérial précédent ; je me voyais certainement meilleure que je ne l'étais en réalité. Cette expérience m'a permis, par la suite, de bien garder les pieds sur terre et regarder mes pratiques avec toute l'humilité nécessaire.

Une équipe est composée de multiples personnalités et le manager va mettre en œuvre, consciemment ou inconsciemment, une relation différente avec chacun d'eux.
C'est un peu comme dans une famille, avec les enfants. Quand on est parent, on a l'impression d'élever ses enfants de la même façon. Rien n'est plus faux.
En effet, avec le premier, les parents vont découvrir les joies et les difficultés de la parentalité. Ils seront peut-être un peu stressés, parfois très influencés par des croyances issues de leur propre éducation ou des postures à l'opposé de celles de leurs propres parents.
Au deuxième, déjà, les parents ont appris des choses et donc, vont en tirer l'expérience. Ils vont un peu moins s'occuper de l'aîné car leur attention se portera vers le plus jeune. Les parents vont agir différemment selon l'ordre et le nombre de naissances et, même s'il leur semble qu'ils inculquent la même éducation, elle ne sera pas tout à fait identique. Mais surtout, ce qui va faire la différence, c'est le ressenti de celui qui reçoit.
Un ainé ne vit pas les choses comme un cadet ou comme un enfant au milieu de deux autres.

Pour les collaborateurs, cela ressemble un peu à cela ; en fonction de l'histoire personnelle de chacun, ce que l'on dit ou demande, sera interprété différemment. Il est important de garder cela à l'esprit. J'ai souvent eu la sensation, lors de conseils de direction, d'assister à des jeux de bacs à sable !

Exercer ce métier difficile dans des conditions relativement sereines, dépend de la qualité et de la sincérité des relations nouées entre le manager et chacun de ses collaborateurs.
J'aime beaucoup l'image utilisée par Jacques Salomé pour évoquer la relation entre deux personnes. Il parle d'« écharpe relationnelle ». Il dit que chacun est responsable de son bout d'écharpe et donc chacun est co-responsable de la qualité de la relation, et par conséquent, de sa possible dégradation.
Quand on devient manager, se mettent en place des relations humaines que l'on pourrait considérer comme particulières.
En effet, la relation n'est pas, comment dire, symétrique ou neutre. Le manager possède un pouvoir social sur le subordonné et donc, sa responsabilité est plus importante dans l'établissement d'une relation.

Quand le responsable d'une équipe prend ses fonctions, il me semble essentiel qu'il précise comment il souhaite fonctionner avec le personnel.

J'avais l'habitude, quand je prenais la responsabilité d'une équipe de rencontrer individuellement tous mes proches collaborateurs pour apprendre à les connaitre ; au-delà de leur parcours professionnel, découvrir leurs passions, leur environnement familial, me donnait des indications sur des savoir-faire extra-professionnels, sur leurs obligations personnelles ou sur les sujets sensibles pour eux. Pour certains, la famille est une valeur personnelle essentielle ; il est bon de le savoir car cela permet de comprendre des comportements ou des réactions.
Mais j'avais aussi le souci de savoir ce qu'ils attendaient de moi.

Un jour, au tout début d'un de ces entretiens, la personne me dit : « Alors, comment doit-on vous appeler : Madame Garcia ou Josiane ; on se dit « vous » ou on se tutoie ; on se serre la main ou on se fait la bise ? ». Je dois reconnaitre que j'ai été prise de court et un peu surprise par le ton très direct. Mais cela avait l'avantage de la clarté et donc me convenait tout à fait. Car, cette personne posait, en fait, la notion de distance entre le manager et le collaborateur.

Tu t'interroges sur le degré de proximité à avoir avec les membres de ton équipe. La réponse est, à mon sens, tout à fait personnelle. Elle dépend de toi mais aussi de l'autre personne. Il sera nécessaire que la distance entre vous soit compatible avec vos distances de sécurité respectives. Mais, comme le dit souvent un de mes associés, c'est toi qui fixes la distance minimale.

Il existe une croyance dans ce domaine : « Quand on est un manager, on doit garder ses distances avec ses collaborateurs ».

De fait, deux écoles se sont longtemps affrontées : le manager distant ou le manager-copain. A mon sens, aucune ne permet des relations professionnelles saines et équilibrées.

Mettre de la distance avec son équipe, c'est se positionner comme patron. Il y a le chef qui dirige et puis les autres qui font. L'un est au-dessus des autres et il est supposé détenir le savoir. Tout le monde connaît ces affiches humoristiques avec des citations (croyances !) longtemps répandues mais qu'on trouve encore aujourd'hui : « Le chef a toujours raison ! », « Les dix commandements ! », etc. Cette posture a un côté régalien !

Pour certains, c'est aussi un moyen de tenir à distance leurs émotions. Il a longtemps été conseillé aux managers de ne pas montrer leurs émotions. On a l'impression de se protéger, mais ce n'est qu'une illusion. En fait, nous posons un masque afin de cacher qui nous sommes. Cela demande beaucoup d'énergie, énergie qui pourrait nous être plus utile ailleurs.

Cela fait écho à la position « haute », notamment utilisée par le coach quand il pose le cadre d'un coaching. Pour un manager, la position « haute » est la plus courante car c'est celle du pouvoir et de la puissance : quand il donne les directives, les attendus, qu'il pose les règles. Elle est nécessaire, mais un manager qui développe des pratiques de manager-coach, va aussi se servir de la position « basse », ancrée dans l'écoute, l'accompagnement et l'implication des équipes.

Par ailleurs, nos collaborateurs ne sont pas nos copains car, lorsqu'il faudra recadrer ou sanctionner un subordonné, il faudra se montrer capable de dépasser une relation trop proche. Bien sûr, des relations d'amitié peuvent se nouer dans les relations manager-managé, mais je crois qu'il est nécessaire d'être conscient que, dans ce cas, en milieu professionnel, le responsable doit prendre le pas sur l'ami. C'est un effort et un point de vigilance à avoir. Et il faut être sûr de sa propre capacité à traiter cette personne de façon équitable par rapport au reste de l'équipe : ni plus d'avantages, ni plus d'exigences.
Enfin, je dis souvent qu'un manager n'est pas là pour être aimé par son équipe, mais pour faire ce qui est juste pour l'ensemble. Si, en plus, il est aimé, c'est le bonus qu'il n'attendait pas, le cadeau-surprise des relations qu'il a réussi à instaurer.

J'ai toujours préféré l'utilisation des prénoms afin d'établir des relations plus naturelles avec bien entendu une réciprocité me concernant. Lors d'une de mes prises de fonction, j'ai proposé que l'on utilise les prénoms et je n'ai pas reçu sur le moment de refus, mais lors d'une rencontre individuelle avec un manager, celui-ci m'a explicitement

fait part de son souhait de m'appeler par mon nom et qu'il en soit de même pour moi.
J'ai compris ce jour-là que ma façon de procéder n'était pas adaptée. J'aurais dû évoquer ce point avec chacun de mes collaborateurs, en tête à tête, afin qu'ils se sentent plus à l'aise pour exprimer leur choix et non pas moi, exposer le mien en collectif.

Les managers d'aujourd'hui utilisent fréquemment le prénom. Mais, si un manager décide d'appeler ses collaborateurs par leur prénom, il doit être prêt à les autoriser à faire de même.
Alors, tutoiement ou vouvoiement ? Le vouvoiement peut éloigner, il est souvent de rigueur dans certaines entreprises. Dans d'autres, comme le secteur de la publicité, c'est le tutoiement qui est la norme.
Dans les services de direction, j'ai souvent tutoyé mes équipiers ; dans les structures opérationnelles, c'est avec le « vous » que j'étais le plus à l'aise.
Il n'y a pas de règles, à chacun son choix ; mais ce choix doit être partagé et validé individuellement avec chacun des équipiers.

La question de la distance se pose de façon plus sensible quand une personne est appelée à diriger un service dans lequel elle était auparavant employée. Il peut être inconfortable de manager d'anciens collègues de travail. La situation se complexifie donc quelque peu.

En effet, sortir du rang présente des avantages : une bonne connaissance du fonctionnement du service, des relations déjà constituées, une vraie reconnaissance professionnelle ; mais ce peut être aussi un handicap surtout si on débute sur le métier de manager.

Pour tous, managers expérimentés ou novices, les relations avec ceux qui étaient des pairs, changent, imperceptiblement, mais elles changent, et des deux côtés. Celui qui prend la responsabilité du service va devoir se positionner face à l'équipe et prendre ou assumer des décisions parfois désagréables. Ceux qui n'ont pas eu l'opportunité d'être choisis vont peut-être en concevoir de l'amertume, voire de la rancœur.
C'est pourquoi, un certain nombre de précautions sont nécessaires dans cette situation.

La hiérarchie doit asseoir la légitimité du nouveau responsable auprès de son équipe. J'ai rencontré une responsable de service qui a fait cela à partir de la présentation de la fiche de poste de la personne et de ses attendus. Ainsi chacun a pris connaissance des champs de responsabilité du manager, validés par les niveaux supra.
Le petit plus : il serait profitable que le N+1 accompagne les premiers pas dans le nouveau métier : en apportant une aide à la préparation de réunion, en veillant à l'organisation personnelle (est-il sur ses nouvelles priorités ou a-t-il gardé son fonctionnement antérieur ?), en allant l'observer dans ses rencontres avec ceux qui sont devenus ses nouveaux

collaborateurs, en activant un tutorat, un coaching si nécessaire.

Mais cela ne s'avère pas toujours suffisant, nécessaire mais pas suffisant. La posture que va adopter le nouveau manager va générer des comportements réponses. C'est pourquoi je ne saurais trop préconiser, quand on est manager débutant issu du sérail, une certaine humilité afin de faire ses preuves, d'associer les membres de l'équipe à un certain nombre de décisions ou de changements, de mettre en valeur certains des anciens collègues. Il faudra se donner un peu de temps pour que chacun trouve ses nouveaux repères.

De façon générale, il me semble important, surtout quand on est manager, de savoir se mettre en phase avec ses collaborateurs. Par-là, j'entends certes l'empathie qui consiste à comprendre ce que vit l'autre (et non se mettre à sa place), mais aussi la capacité à manager en tenant compte de ce qui est essentiel pour l'autre dans sa vie professionnelle, c'est-à-dire ses valeurs personnelles.

As-tu déjà remarqué qu'une même situation peut provoquer des réactions différentes ? des émotions fortes peuvent émerger comme la colère ou la peur.

C'est parce que quelque chose d'éminemment profond a été percuté et déstabilise la personne

Ce qui donne du sens à notre vision du monde, ce sont nos valeurs. Elles nous sont quelquefois données et nous les faisons nôtres. Mais nous faisons aussi, souvent inconsciemment, d'autres choix. A certains moments, nous choisissons une autre direction à donner à notre vie. Nous décidons d'évaluer les gens, les situations, à l'aune d'une autre mesure qui nous semblera, à cette période-là, plus pertinente.

C'est ainsi que pour une personne, à un moment donné, l'argent peut être un moteur essentiel de sa vie (et c'est tout à fait respectable) et puis, à une autre période, c'est la famille qui deviendra l'élément non négociable.

Chaque fois que nous ne vivons pas en accord avec nos valeurs, nous sommes en difficulté. Il est possible de transiger, en conscience, et parce qu'on fait le choix d'un bénéfice plus grand, mais cela est temporaire. Il est essentiel de connaitre ce qui nous anime afin de poser des actes en accord avec ces principes.

Quand un manager dirige une équipe, il agit en fonction de ses valeurs personnelles, mais ce ne sont pas forcément celles de ses équipiers. Il pourra, de ce fait, déclencher involontairement un conflit de valeurs chez certains membres de son équipe.

Tout conflit de valeurs, notamment avec un hiérarchique ou avec la stratégie de l'entreprise, peut être source de stress, de mal-être, de mésestime de soi.

Alors, comment éviter cela ? C'est possible en demandant à son collaborateur ce qui est très important pour lui.

Qu'est-ce qui le fait (ou le ferait) se lever le matin pour venir travailler ? Tes réponses sont dans les siennes. A toi, maintenant, d'en faire bon usage !

Pour aider quelqu'un à progresser, à changer des habitudes, à faire évoluer ses méthodes de travail, tenir compte de ses valeurs personnelles est important ; il s'agira de mettre en place un accompagnement qui visent à conforter ses valeurs ou a minima, qui les respecte.
C'est pourquoi il me semble plus pertinent de laisser une personne proposer son propre chemin pour atteindre le résultat attendu. Il va ainsi mettre en place quelque chose en accord avec qui il est ou, au minimum, qui lui sera compatible. Si conseils ou directives il y a de la part du manager, elles seront formulées en lien avec les valeurs de la personne.

J'ai accompagné des managers qui ont essayé cette approche avec des commerciaux. C'est une catégorie de personnel pas toujours facile à manager ; dans mon entreprise, un certain nombre ont une haute idée de leurs compétences même quand ils ne sont pas aux attendus de leur métier.
Les directeurs en question ont donc changé leur façon de faire et se sont intéressés aux valeurs de leurs collaborateurs. Puis, ils ont mis ces valeurs et leurs demandes en perspective. Le résultat semble satisfaire ces managers : ils ont une meilleure compréhension de leurs N-1 et donc de certains de leurs comportements ; cela leur

permet de donner du sens au travail (le leur comme celui des équipes), les collaborateurs se montrent plus coopératifs et plus investis. Tout le monde y trouve son compte.

En résumé, un manager doit trouver la bonne distance relationnelle avec chacun de ses équipiers ; découvrir les valeurs qui éclaire leur chemin est un vrai atout pour nouer des relations de qualité.
Tu vois, les relations ne sont pas simples, mais quelle relation humaine est simple ? L'être humain est tout sauf simple !
Jacques Lagarrigue[9] a écrit : *« [...] trouver un mode managérial efficace dans la durée en prenant en compte les personnes en place, avec leurs qualités et leurs défauts, leurs ressources et leurs potentialités. Cette posture-là était celle du manager-coach. »*

Comme je le disais précédemment, la qualité de la relation est de la responsabilité des deux partenaires. Alors, quid du comportement du collaborateur ?

J'ai appris voici bien longtemps maintenant que personne n'a de pouvoir sur nous. C'est nous qui donnons, inconsciemment, du pouvoir à l'autre. Nos équipiers ne sont pas des saints, ils sont tout simplement des femmes et des hommes avec leur histoire, leurs qualités, leurs défauts, leurs exigences et .... leur ego !

C'est pour cela que la relation entre le manager et le managé est unique, comme chacune des relations humaines que l'on noue. Il est nécessaire de garder à l'esprit que chacun a son interprétation de ce qu'il voit ou entend. Aussi est-il essentiel de vérifier la compréhension des messages ou directives managériaux.

J'ai toujours pensé qu'il n'était pas nécessaire d'être un expert du métier exercé par le subordonné pour savoir mettre en place un management adapté. J'ai piloté des conseillers en patrimoine ; ils détenaient l'expertise, mais j'en savais suffisamment pour qu'ils ne me promènent pas. J'ai appris d'eux, beaucoup, et moi, je les ai amenés à prendre du recul, à regarder le moyen et le long terme, à bâtir des compétences qui leur sont utiles aujourd'hui. Je les ai accompagnés pour aller plus loin sur le chemin professionnel. J'ai fait, je crois, mon job de manager !

Bien sûr, il s'en est trouvé un qui, me voyant arriver d'un autre univers que celui de la banque, pensait que je n'étais pas légitime pour le manager. Je dois reconnaitre que ce fut un choc violent.
J'avais occupé plus d'une dizaine de postes nécessitant des expertises différentes, je n'avais jamais rencontré un collaborateur avec un tel aplomb. J'ai vite compris que je n'étais pas « digne » d'être son patron, car, quoi que je lui propose, il ne prenait rien.
Quand il a évoqué l'éventualité de partir dans un autre département, je l'ai aidé à aller vers autre chose.

N'importe qui pourrait penser qu'ayant obtenu ce qu'il désirait, son attitude à mon égard allait évoluer positivement. Que nenni ! Il m'a reproché de le remplacer ; il voulait que je lui demande de rester, finalement.
C'est là que j'ai compris qu'il n'était pas toujours possible de travailler avec tout le monde et que, dans ce cas précis, je n'avais absolument pas envie de poursuivre cette relation professionnelle. Se séparer était ce qui me semblait le plus adapté, à ce moment-là.

N'oublie pas que, s'il est nécessaire pour un manager de s'adapter à ses collaborateurs, il ne doit pas agir sous leur influence. En toutes circonstances, veiller à agir juste est essentiel : pour te protéger toi, pour protéger les autres membres de l'équipe.
Et parfois, constater un échec c'est faire preuve de clairvoyance et se donner les moyens d'aller de l'avant. On ne retient pas quelqu'un qui veut partir !

Ainsi que je l'ai abordé précédemment, souvent, se mettent en place des relations parents-enfants, comme dans une famille.
Un enfant peut être, disons, « un enfant sage », tout à fait conforme aux attentes et aux demandes des parents, obéissant à l'autorité parentale. Certains collaborateurs vont adopter ce type de comportement. Ils seront respectueux de la hiérarchie, mettront en œuvre ce qui leur est demandé sans discussion infinie.

Pour le manager, cela présente d'indéniables avantages : on est sûr que les choses seront faites, les personnels seront à l'écoute du manager, la loyauté est une de leurs valeurs fondamentales.

Mais il y aussi des inconvénients ; en effet, on peut s'interroger sur la part de créativité qui peut émerger dans ces cas-là ; ces collaborateurs sont-ils capables d'initiatives, d'anticipation, sont-ils moteurs dans l'équipe ?

L'accompagnement de ces collaborateurs devra être attentif ; il sera important de les encourager et de les conforter quand ce qu'ils font est satisfaisant. Ce ne sont pas des leaders mais des personnels solides qui seront pour toi, de réels appuis.

A l'inverse, certains pourront développer une attitude plutôt rebelle. Ces subordonnés vont choisir la contestation pour montrer qu'ils existent et obtenir une forme de reconnaissance.

Ce sont des personnes qui oseront poser le « Non » et qui n'hésiteront pas à apporter la contradiction. Ce n'est pas toujours simples avec eux et ils demandent au manager une bonne dose d'énergie.

Je t'invite à ne pas t'arrêter sur ce qui pourrait ressembler à une recherche du conflit. Certains peuvent être porteurs d'idées ou de solutions novatrices. N'hésite pas à les embarquer dans des projets innovants. Ils risquent d'amener un peu de tangage à l'équipage, mais aussi une vision hors des sentiers battus.

Et puis, il se trouve des collaborateurs complètement passifs ; ils sont là parce qu'il faut bien travailler pour vivre ou ils ont accepté un poste qui les indiffère, un poste qu'ils vivent en demi-teinte : pas génial, mais pas l'enfer quand même !

Pendant des années, je me suis interrogée sur la manière de motiver les collaborateurs car j'ai toujours pensé qu'il était plus profitable pour l'ensemble des parties (clients, employés, managers, entreprise, partenaires) que le personnel trouve un intérêt à venir travailler et à réaliser ses tâches.
J'ai vraiment compris, après ma formation de coach, qu'il m'appartenait de me mettre en phase avec mon collaborateur afin de dispenser un management qui sera adapté à lui, et peut-être pas à un autre : utiliser ses talents, ses ressources, ses compétences extérieures à l'entreprise.
Il est inutile de parler coopération à quelqu'un dont l'égo est démesuré et certain de détenir LA vérité ; comme il est inadapté de challenger individuellement des collaborateurs pour qui l'esprit d'équipe est le moteur de leur fonctionnement.

Tu trouves que les relations individuelles sont passablement compliquées. J'en conviens, mais que vas-tu penser, alors, des relations entre le manager et le collectif ? Quand toutes ces personnalités, formidablement différentes, se retrouvent ensemble, elles vont former une personnalité globale, composée comme un puzzle, d'une partie de chacun. Comme le puzzle, quand on regarde de près, on voit les petites pièces qui constituent l'ensemble, mais dès que l'on s'éloigne, c'est une composition unique qui apparait.

Une équipe est une entité à part entière. C'est comme s'il y avait un collaborateur de plus. Elle a son fonctionnement et ses dysfonctionnements spécifiques. Elle interagit avec le manager selon une logique qui lui est propre.
Dans mes souvenirs de manager, à deux reprises et avec le même type de personnel, j'ai physiquement perçu la présence d'une individualité à part : il s'agit d'équipes de facteurs, une « Distri » pour distribution, comme on dit au Courrier.
Il existe un vrai sentiment d'appartenance dans ces collectifs, au-delà de l'impact dû au nombre ; cela met quand même un peu de pression aux managers.

L'équipe a sa vie spécifique ; les relations individuelles se dissolvent dans les relations de l'équipe avec son manager. J'ai souvent remarqué que le collectif était plus exigeant vis-à-vis du management, quelquefois plus vindicatif. L'effet groupe libère la parole et il arrive, d'ailleurs, que certains regrettent, après coup, s'être laissés emporter par les évènements.

L'équipe est aussi le lieu de jeux relationnels qui, par essence, pervertissent les relations. Ce qui se joue autour

du patron est quelquefois très visible, quelquefois particulièrement sournois. Le patron a alors une responsabilité majeure : celle d'instaurer des relations équilibrées, saines. A lui d'interrompre tout jeu relationnel qui essaie de se mettre en place ou éviter de s'y prêter.
Lui seul a le pouvoir de l'efficacité dans ce domaine et détient le moyen de protéger l'ensemble des membres de son équipe. Le manager qui génère des jeux entre dans la catégorie des manipulateurs. Il peut gagner sur de multiples domaines, il est certain qu'il perdra sur un : la confiance !

Ce n'est pas facile de faire équipe (il est nécessaire que les pièces s'ajustent parfaitement), c'est pourquoi il me semble important de prendre le temps : le temps de se connaitre un peu mieux, le temps de comprendre comment chacun fonctionne, le temps d'apprendre à construire et travailler ensemble.
Quelques fois, la régulation devient nécessaire, notamment au cours des réunions d'équipe ; en cela, le coaching d'équipe est un excellent outil d'accompagnement vers plus d'efficience.

Notre deuxième mission pour notre entreprise a été de créer et animer une journée de cohésion d'équipe pour une Communauté de Communes qui allait fusionner avec une autre. La directrice des services opérationnels avait déjà conduit d'autres fusions dans le même bassin de vie ; elle en avait tiré les enseignements et ne voulait pas que les choses se reproduisent avec les mêmes conséquences. Elle a associé les nouveaux arrivants et nous avons préparé une journée autour de la mission de l'équipe, les valeurs qu'ils avaient envie de partager, la construction d'une charte relationnelle*** (ou comment faire vivre concrètement selon les valeurs de l'équipe), et la préparation par les pôles recomposés de leur mois de janvier à venir (la fusion devait avoir lieu le 1er janvier et nous étions en décembre).

Ce fut une très belle journée pour tout le monde : les participants qui nous ont dit combien ils avaient apprécié, notre cliente qui continue à faire vivre la charte relationnelle plus de trois ans après, le Président de la communauté de communes que nous avions invité aux restitutions des ateliers et … nous, les quatre associés de JOPE pas peu fiers de notre travail !

Le travail sur la cohésion d'équipe, afin de poser ce qui rassemble chacun des membres du collectif est un moment important dont l'impact ne doit pas être sous-estimé.

J'ai beaucoup aimé les équipes que j'ai dirigées. J'ai testé de nouvelles approches, de nouvelles méthodes, de nouveaux outils. La créativité est, je crois, un levier d'éveil et de remise en question.

C'est pour cela que rien ne m'agaçait plus que ces plans d'actions similaires d'une année sur l'autre, fondés sur des

---

*** inspirée de Jacques SALOME et Christian POTIE : Oser travailler heureux

injonctions et des analyses triviales comme disait mon professeur d'économie.
Faire appel à l'intelligence collective pour faire évoluer les pratiques et les comportements, donner du sens aux transformations ou améliorations nécessaires, permettre à chacun de trouver sa place dans les processus de changement, avec ce qui le singularise mais aussi ce qui le rapproche des autres, là est l'essence de l'accompagnement des équipes.

Même quand cela a été compliqué ou tumultueux, j'avais le sentiment d'être à la juste place.
C'est à la fin de certaines de ces réunions d'équipe que j'ai éprouvé un réel sentiment de plénitude professionnelle. J'étais là pour cela ! Etrange ressenti mais ô combien gratifiant !

J'espère que ce moment de réflexion autour des relations a fait écho pour toi. Dans ce domaine, rien n'est sûr, rien n'est figé. C'est pour cette raison qu'il est important d'apprendre à lâcher prise pour accueillir le collaborateur ou l'équipe sans a priori ou projection. De toutes les façons, les choses ne se passent jamais comme on les avait imaginées, alors à quoi cela sert-il de se faire des films ?

Tu voudrais devenir un manager-coach : alors essaie de développer cette posture d'accompagnateur, d'accoucheur des idées des autres. Essaie et si tu n'y arrives pas, essaie encore ! Là aussi, le temps est nécessaire, alors prends le temps de bouger les lignes, tes lignes.

« Quand vous entrez dans un jardin, regardez-vous les épines ou bien les fleurs ? Passez plus de temps auprès des roses et du jasmin. »

Djalâl-od-Dîn Rûmî[10]

En résumé,

- Apprécie la diversité de ton équipe : recruter des personnes qui nous ressemblent n'est pas un atout
- Garde à l'esprit que c'est au manager d'établir le socle d'une relation équilibrée
- Identifie la juste distance relationnelle pour toi et pose ton cadre de fonctionnement à tes équipiers
- Découvre les valeurs qui t'animent et celles de tes collaborateurs pour déployer un management respectueux
- Adapte ton management à chacun de tes subordonnées car c'est reconnaitre là, leur singularité
- Travaille tous les jours à la cohésion de ton équipe et sois vigilant à l'instauration de jeux relationnels

LES RELATIONS AVEC LA HIERARCHIE

Tu t'interroges sur les relations avec ton patron. Je te propose, dans un premier temps, de prendre les choses depuis ta fenêtre. Quel collaborateur es-tu ? Comment prends-tu soin de la partie de la relation qui t'est dévolue ? Ce que tu attends de tes N-1 est-il conforme à ce que tu es toi-même dans ce rôle ?

J'ai un défaut (parmi tant d'autres) : je suis très exigeante envers mes supérieurs hiérarchiques et leur savoir être managérial.

J'en ai un deuxième : je dis ce que je pense et je fais ce que je dis, ce qui s'appelle comme chacun sait, être congruente. Cette façon d'être ne m'a pas toujours servie mais j'ai un peu fait, au début du moins, avec les moyens du bord. Ce n'est pas facile d'obéir pour certains, surtout quand la personne qui est au-dessus de nous, est censée détenir le savoir ou les compétences qui nous manquent ou sont en devenir.

Nous sortons du système scolaire avec pour référence des sachants auxquels il nous est demandé de faire confiance quant à leurs connaissances et leur pédagogie. Or il existe toutes sortes de professeurs comme il existe toutes sortes d'êtres humains et au fil de notre scolarité, nous avons la chance d'étudier avec une grande variété de personnalités. Aussi, quand nous importons ces schémas dans le monde du travail, nous sommes souvent confrontés à un même N+1 qui ne change pas tous les ans comme dans l'enseignement. Chacun doit faire avec le responsable qui lui est dévolu et ce, durant un certain nombre d'années. La seule exception, c'est la personne qui dirige sa propre entreprise.

Je pense avoir été une collaboratrice fiable et loyale. Ce sont pour moi, les qualités essentielles vis-à-vis d'un responsable ; pourtant, ma façon d'être et de faire, souvent hors des comportements attendus, a pu générer de l'insécurité pour mes N+1, voire de l'incompréhension. Mais j'ai remarqué, avec le temps et les années d'expérience, que je devenais moins tolérante envers ma hiérarchie quand elle se piquait de me donner des leçons de management.

En effet, les grands discours et les postures autour du « manager autrement » ont le don de m'agacer, et le mot est faible !

L'écart entre les paroles et les actes est parfois si caricatural qu'on pourrait presque en rire si cela n'était pas si décevant et si désespérant.

Et je reconnais avoir parfois utilisé l'effet miroir avec délectation.

L'idée que je puisse être rebelle t'avait-elle effleurée ? Je parie que oui ! Et pourtant, comment une légitimiste comme moi peut-elle se rebeller contre la hiérarchie ? Je vais te répondre : j'accepte les leçons et recommandations de tous ceux qui s'appliquent à eux-mêmes ce qu'ils exigent de moi. Cela s'appelle l'exemplarité. Quiconque me traite avec équité et attention peut me demander la lune. Comme tu te doutes, au faîte de mes valeurs personnelles se trouvent le respect, l'équité, la bienveillance et l'exemplarité. Chaque fois que j'ai eu le sentiment que ces valeurs étaient bafouées, je me suis révoltée et sans souci, parfois, des conséquences.

Depuis que je dirige des équipes, autre chose m'exaspère : tous ceux qui compliquent la vie de mes collaborateurs ! Je considère qu'il fait partie de mon boulot de faciliter le travail aux équipes. Un jour, un de mes anciens équipiers a dit que j'étais un bulldozer ! Un autre l'a repris en disant que j'étais plutôt un chasse-neige : je dégageais la route pour que les autres passent en toute sécurité ! J'aime bien l'image du chasse-neige !
Et non, je n'ai pas été facile à manager tous les jours !
Un de mes responsables m'a dit un jour : « Heureusement que je n'en ai qu'une comme vous à manager ! ». Je défendais mes idées et mon équipe avec une bonne dose d'énergie : cela l'épuisait ! Cependant, je faisais ce qui m'était demandé : cela le surprenait !
Un jour, alors que je lui avais adressé la mise à jour d'un dossier, il m'a appelé pour me dire son étonnement :

j'avais appliqué la directive du Siège ! Et de cela, il me félicitait mais cela allait lui poser des problèmes avec mes autres collègues directeurs, qui avaient mis ce travail en stand by. Je dois avouer que j'en suis restée coite !

Ce n'est pas ce manager qui m'a appris mon métier ou plutôt si, par négatif photo ! Ce poste-là, que je voulais un jour occuper, j'ai vu ce qu'on pourrait en faire et surtout ne pas en faire afin de ne pas générer de troubles. Or, je ne suis pas du genre à éviter les vagues ! C'est certainement pour cela j'ai toujours préféré l'océan Atlantique à la Méditerranée !

Pourtant, j'ai rencontré des patrons épatants. Certains ont vu tout de suite sur quoi ils pouvaient m'aider à progresser, certains m'ont confrontée à mes responsabilités. Je leur dis aujourd'hui toute ma reconnaissance.

Quand je suis devenu cadre, j'ai choisi le développement commercial. Des idées, ce n'était pas ce qui me manquait ; alors, j'allais les exposer à mon directeur qui, systématiquement me renvoyait en me disant : « Très intéressant, Josiane, mais mettez cela par écrit et après revenez avec votre idée ! ». Or j'ai toujours rédigé dans la douleur (Il parait que mon cerveau gauche est moins développé que le droit !). Pourtant, c'est pendant ces deux années passées auprès de ce directeur que j'ai appris à me poser et à structurer un projet.

Chaque fois que j'ai eu besoin de rédiger par la suite, j'avais une pensée pour ce patron. En écrivant ces mots, je me dis que cet apprentissage aujourd'hui me facilite beaucoup la vie !

Mes collaborateurs m'ont souvent dit que je leur avais transmis ma rigueur : je sais exactement de qui cela me vient.
J'ai été une enfant, puis une adolescente désordonnée. Lors de mon premier poste de cadre supérieur, je me suis retrouvée avec un service à créer de toutes pièces et de gros budgets d'investissement à monter et à gérer. Mon patron d'alors me faisait venir tous les jours pour me remettre mon courrier en me notant sur une page : premièrement : …, deuxièmement : …, etc….
Je trouvais cela un peu rigide et déresponsabilisant et pourtant, cela m'a permis un démarrage en douceur ; au bout de six mois, je lui ai dit que cela bridait ma créativité, alors, il m'a laissé faire ! Mais j'ai appris de lui à préparer des budgets au cordeau qui recevaient sans trop de difficulté l'assentiment du conseil de direction. J'ai appris à anticiper des projets, à tenir les délais et les finances.
J'ai compris par la suite qu'il utilisait un style de management de type directif (cf. Blake et Mouton) très adapté quand un collaborateur prend en charge un nouveau travail ou une nouvelle tâche.

Dans les réunions où je l'accompagnais, il se mettait à côté de moi et quand j'avais des velléités d'interventions intempestives (ce qui me caractérisait assez), il posait sa main sur mon bras et me disait : « *Ecoute, Josiane, écoute !* ». Et j'ai appris à écouter.

A cette même époque, le directeur du département me demande un jour dans son bureau au sujet d'un dossier que je suivais tout particulièrement. C'était mon N+2, j'étais très fière d'accéder à ce personnage si important mais aussi carrément impressionnée. Je monte à l'étage avec mon responsable immédiat et j'expose mon affaire. Nous étions un mercredi et le grand chef me demande des informations complémentaires pour le vendredi : délai impossible pour moi à tenir. Mon responsable essaie bien d'expliquer que c'était matériellement impossible, le patron me regardait et me posait toujours la même question : « *Pouvez-vous le faire pour vendredi ?* ».
Que crois-tu que j'aie fait ? J'ai dit oui, bien sûr ! La suite ? Mon responsable est retourné le voir pour lui dire que c'était réellement infaisable, il lui a répondu : « *Je lui ai demandé si elle pouvait le faire, elle pouvait dire non, elle a dit oui, elle se dém….de !* »
Je peux t'assurer que cela a été le dernier jour de ma vie où j'ai posé un OUI qui n'en n'était pas un. Et à partir de ce moment, je me suis autorisée à dire NON à un hiérarchique !
J'avais appris à poser des limites : belle leçon de vie !

Tu sais, les managers ne se rendent pas toujours compte de la faisabilité des demandes qu'ils font à leurs équipes. Ils demandent et après, les équipes rament.
C'est pour cela que savoir poser des limites est essentiel. Cela sert à se protéger mais aussi à protéger ses collaborateurs.

J'ai coaché une directrice commerciale qui travaillait presque jour et nuit, complétement débordée. Son bureau était situé à proximité de celui de la directrice régionale et, en continu, elle était sollicitée par sa N+1, pour son domaine de responsabilités mais aussi pour faire le relais auprès d'autres experts.
Et ma cliente prenait, prenait. Pour elle c'était normal et de plus, elle aimait beaucoup sa directrice qu'elle surprotégeait.
Jusqu'au jour où, au cours de son coaching, elle a réfléchi sur ce qui faisait réellement sens pour elle ; elle a découvert que sacrifier sa vie de famille n'était pas ok et que le travail qu'elle pensait être si essentiel, n'était pas sa priorité. Elle a donc posé à sa directrice, une limite ...définitive : elle a pris sa retraite !
Tu rencontreras des managers qui t'apporteront beaucoup (cela a été mon cas à plusieurs reprises dans ma carrière) et d'autres dont tu te diras qu'à cette place tu ferais certainement mieux. Tu rencontreras aussi certains N+1 dont le comportement pourra être répréhensible.

Sur ce dernier point, je peux témoigner : j'ai été harcelée par une de mes responsables ! Que faire quand le ciel vous tombe sur la tête !
Il y a une chose très importante que tu ne dois pas oublier, c'est en partie ce qui m'a sauvée et c'est à mon fils que je dois de m'avoir remis les idées dans le bon ordre : en l'absence de faute factuellement identifiée, personne ne peut te sortir de ton poste si tu n'en donnes pas ton accord ou selon les règles strictes du droit du travail. Mais c'est tellement plus simple d'obtenir ce qu'on veut par la pression !

Dans mon entreprise, la hiérarchie est si prégnante que, lorsqu'un patron veut dégager un responsable, la personne va, sans trop d'éclats, là où on lui dit d'aller. On utilise moins ces manières pour les agents car les organisations professionnelles sont plus attentives, mais pour les cadres supérieurs ou stratégiques, il arrive que certains se dispensent de prendre des gants. Ce n'est pas dénigrer mon entreprise que de reconnaitre ses manquements quand il y en a.

J'ai donc reçu un après-midi de mars, un appel de ma directrice dont je ne saisissais pas bien le contenu, jusqu'au moment où la lumière a jailli dans mon cerveau : elle était en train de me sortir et, en plus, sur la base de rumeurs. Quand on a des résultats, quand on fournit un travail qualitatif, quand on est engagé, c'est comme si on était envoyé dans un vide sidéral. L'incompréhension, puis la colère, enfin la révolte !

J'ai vécu des moments désespérants où le sentiment de ne plus avoir sa place dans la structure est capable de vous tuer. Mais je suis une combattante ! Alors qu'on essayait de me déstabiliser, des alliés « poids lourds » à l'extérieur se sont manifestés, prêts à m'apporter toute l'aide nécessaire, si je décidais de les activer. J'avais aussi des amis très proches dans l'entreprise qui m'ont accompagnée et soutenue. Et puis, j'avais des années de travail sur moi-même.

C'est ce qui m'a permis, après la révolte, de poser la situation, de renouer la relation avec ma directrice (nous avons travaillé encore un an ensemble sans aucune difficulté) et d'obtenir, pour le prix de mon départ sur un autre métier, l'accès au processus de promotion (réussi avec les éloges du cabinet de sélection quant à mes pratiques managériales, ce qui a clos les rumeurs) et la formation au métier de coach.

Si j'écris ce livre aujourd'hui, si j'exerce un métier aussi passionnant que celui de coach, c'est parce que cet obstacle, qui me semblait insurmontable, m'a obligée à changer de route. J'ai pris une autre voie et tracé un autre chemin. Et je ne regrette rien ! Car, dans cette histoire, je suis la seule gagnante !

Alors, si toi aussi, tu es confronté un jour à ce type de situation, ne perds pas espoir ! C'est peut-être le moment de se tourner vers d'autres opportunités, d'autres parcours que, dans la facilité d'un poste bien maitrisé, on n'a pas envisagé.
Et puis, ne reste jamais seul !

Comme tu le constates, la qualité des relations avec un hiérarchique dépend de multiples facteurs. Je dois avouer que je n'y ai pas toujours prêté l'attention nécessaire ; ceci a certainement contribué à me mettre dans la catégorie des emm…deuses, ou pour le dire de façon plus convenable, la catégorie des empêcheurs de manager en rond et des râleurs !

Au fur et à mesure que j'avançais sur mon chemin de développement personnel, d'une meilleure connaissance de moi, je rencontrais des responsables qui ne comprenaient en rien mon mode de fonctionnement. Ils ou elles étaient à des années lumières d'une approche managériale comme celle que je portais. Et là, je n'ai pas su me mettre en phase avec ces managers. Pour moi, à partir du moment où mon travail était fait et les résultats aux attendus, inutile de porter une attention particulière à la relation avec la hiérarchie.
C'est ce que permet de faire un outil comme la Spirale Dynamique que j'ai évoquée plus haut. Sa connaissance et son utilisation facilite la synchronisation entre les

personnes ; cela permet au manager de se mettre « à hauteur d'homme ».

En fait, j'ai été confrontée à une croyance : je pensais que les personnes au-dessus de moi étaient forcément plus éclairées que moi et donc en capacité de se mettre en phase avec moi.

Or, le travail sur la connaissance de soi n'a pas toujours fait partie de la formation des managers. Et souvent, ces formations comportementales aboutissent, pour la personne qui les suit, à mettre, à la sortie, les gens dans des cases.

C'est pour cela que je crois, aujourd'hui, que c'est à celui qui est le plus avancé, de se mettre « à hauteur d'homme » avec l'autre, quel que soit leur niveau, à l'un comme à l'autre, dans la hiérarchie.

Et la relation avec le N+1 nécessite une attentive bienveillance. Respecter son patron c'est avoir le positionnement juste : Ni juge, ni sauveur, ni courtisan !

Et puis, comme me l'a enseigné le directeur qui m'a appris à poser des limites : « Un patron, ça se manage ! ». On n'est pas obligé d'attendre toujours la becquée, on peut aussi guider son manager, notamment en posant des demandes.

Tu peux influer sur la qualité de la relation avec la hiérarchie et les niveaux supra peuvent aussi avoir un impact essentiel sur ton évolution professionnelle, soit en termes de développement de compétences, soit en termes de progression dans l'entreprise ou carrément stopper cette évolution.

La ligne hiérarchique est aussi victime de l'effet miroir. En as-tu déjà entendu parler ?
Carl Gustav Jung a défini l'effet miroir : « Tout ce que nous voyons chez les autres, n'est que le reflet de nous-mêmes » car en fait : « Nous percevons chez les autres les mille facettes de nous-mêmes ».

En fait, ce que nous aimons ou détestons chez l'autre, n'est que le reflet de quelque chose qui nous appartient à nous. Quand quelque chose nous plaît chez quelqu'un, c'est parce que nous retrouvons un peu de ce que nous aimons en nous dans cette personne. Des qualités ou des comportements qui nous ressemblent, qui sont sous-jacents ou que nous aimerions tant avoir.
Les choses sont similaires quand quelqu'un nous agace ou nous rebute : ce que nous identifions chez lui est quelque chose que nous refusons de regarder en face à l'intérieur de nous, des défauts que nous possédons mais que nous mettons sous le mouchoir.

L'autre produit une réaction ou un comportement qui fait écho à qui nous sommes ou qui nous voudrions être. Ce n'est donc pas cette réaction ou ce comportement qui nous fait réagir, c'est cette résonnance intérieure.
Chacun est responsable de ce qu'il fait, de ce qu'il voit et de ce qu'il entend : je mets en place un comportement en

fonction d'une situation qui a fait vraisemblablement monter une ou des émotions. C'est moi qui active ce comportement en lien avec des comportements et des émotions passés.
Je réagis au comportement de l'autre, je suis responsable de ma réaction. Elle ne parle que de moi, elle reflète une part de qui je suis.

Une psychologue avec qui j'ai travaillé dans le passé m'a dit que chez certaines personnes, l'effet miroir était plus marqué ; c'était son cas, ainsi avait-elle décidé de s'en servir dans son métier de consultante.

Alors, que peut ressentir un manager quand il voit dans son ou ses collaborateurs, ce qu'il ambitionne inconsciemment d'être, qu'il rêve de savoir faire ou ce qu'il abhorre chez lui ou qu'il refuse de regarder en face ?

Je sais que ma façon de diriger mes équipes a quelquefois provoqué de l'agacement chez certaines responsables, de l'enthousiasme chez certains autres.
Je sais que ma congruence en a énervé plus d'un, les renvoyant à leurs dissonances et que mon audace à poser des limites a été prise pour de l'effronterie.
Mais comme toujours, chacun ses interprétations, ses croyances, ses a priori !
C'est pour cela que je t'invite, quand tu sens que tu réagis à une personne, à te demander quelle part de toi-même

est concernée par la situation. Je dis souvent que l'on n'est pas en colère après quelqu'un, on est en colère après soi.

La relation avec la hiérarchie, c'est comme la relation avec un collaborateur : ton responsable ne sera jamais comme tu voudrais qu'il soit et toi non plus, tu ne correspondras pas à l'image du collaborateur idéal. Alors, qu'est-ce qui est le plus important ?

Pour moi, c'est de pouvoir me regarder tous les jours dans la glace en me disant que j'ai fait le mieux possible, le travail pour lequel je suis rémunérée, dans le respect de mes valeurs personnelles et le respect des personnes que j'ai rencontrées.

Je ne sais si tu ressens le poids du métier que tu as embrassé. Mais, nous n'avons pas encore abordé un point essentiel dans le métier de manager : la solitude !

Le manager est seul, face aux décisions qui lui incombent, seul quand il est à la tête d'une entreprise ou d'une entité particulière.

« *La bonne nouvelle, c'est que l'homme est un pont et non une fin* »

Nietzsche[11] *in*
Ainsi parlait Zarathoustra

En résumé,

- Interroge le collaborateur que tu es avant d'avoir des exigences vis-à-vis de ton patron
- Apprends de ton manager, tes pratiques managériales en seront d'autant plus riches, que la leçon ait été bénéfique ou désagréable
- Accepte ton responsable comme tu voudrais être accepté, dans sa singularité

LA SOLITUDE DU MANAGER

J'ai envie de partager avec toi des moments de totale solitude dans le milieu professionnel ; cela arrive à chacun. Alors, autant se préparer car la solitude n'est pas une mauvaise chose ; ni bonne, ni mauvaise, elle est ! Elle fait partie du métier de manager.

Fin des années quatre-vingt-dix, j'ai pris la direction d'un bureau de poste : soixante-quinze personnes, deux cadres et trois chefs d'équipe.

J'avais déjà fait du management : comme cadre commercial, comme responsable de pôle à la direction dans un autre département. Mais là, j'étais seule aux commandes, avec des projets de réorganisation lourds (la mise en œuvre des trente-cinq heures). Je ne connaissais personne dans l'établissement, je ne connaissais pas techniquement une partie des activités de l'établissement (le Courrier), je ne connaissais aucun de mes pairs, je ne connaissais que le directeur commercial départemental qui était venu me chercher dès qu'il avait eu vent de mon souhait de changer de métier.

Quand je me suis assise à mon bureau le premier jour, après avoir salué tous les agents, c'est comme si une masse me tombait sur les épaules. Par où commencer ? Personne ne m'avait fourni de mode opératoire pour réussir mes premiers pas de directeur d'établissement.
Mes précédents patrons avaient toujours les réponses adaptées quand on les sollicitait. Mais moi, saurai-je faire ? Et si je ne connaissais pas les réponses aux questions de mon équipe ! Et comment savoir si j'allais prendre les bonnes décisions ? Vers qui pouvais-je me tourner pour m'aider, si le besoin s'en faisait ressentir.

Et je me suis aperçue que je ne pouvais compter que sur une seule personne, moi ! Je me suis aperçue que j'étais seule comme patron de la structure, seule face aux décisions qui m'étaient dévolues. Mais aussi, ce sentiment de solitude se manifestait au sein de l'équipe des directeurs d'établissement, car, venant d'un autre département et nouvelle sur ce métier, je n'avais pas les mêmes connaissances, les mêmes repères, les mêmes codes.

Tout cela pour te faire toucher du doigt qu'il existe plusieurs formes de solitude et qu'il t'appartient d'apprendre à les apprivoiser.

Dans un métier comme celui de manager, alors qu'il est important de nourrir son équipe, il me semble utile d'être soi-même au clair avec la solitude.

J'ai identifié trois environnements où la solitude apparait. Il y en a certainement d'autres, mais ces trois-là me sont familiers.

D'abord le plus palpable : la solitude matérielle. Par là j'entends se trouver seul à la tête d'une entité physiquement séparée des autres. Dans une direction, il y a des managers à tous les étages ou presque, et à part le directeur, il est possible de trouver un alter ego avec qui échanger. Mais quand on n'a pas cette solution, il faut se débrouiller par soi-même.

C'est le moment de faire appel à toute la puissance de la confiance en soi. Il ne s'agit pas de se montrer présomptueux ou de prendre la « grosse tête » mais de tout simplement avoir foi en soi, en ses compétences. Mettre aux commandes ce que l'on sait faire, sait être et se donner les moyens de trouver les autres réponses ailleurs. L'équipe que l'on prend en management fait partie des ressources à explorer. Souvent, les collaborateurs vont se tourner vers le manager alors qu'ils ont les réponses ou leurs réponses. Alors, c'est peut-être le moment de montrer sa confiance à l'équipe et s'appuyer sur elle.

Quand j'ai occupé mon dernier poste de manager, j'arrivais d'une autre région, d'un autre métier du groupe et c'était la première fois que je dirigeais des directeurs d'établissement. Même si mon parcours professionnel avait rendu mes neurones assez agiles, je devais me replonger en accéléré dans le domaine du management bancaire. J'avais à proximité un directeur de structure qui était particulièrement affûté dans ce domaine. Je lui ai donc demandé de m'aider à faire ma mise à jour. Et pendant quelques temps je me suis appuyée sur ses compétences d'analyse et de pilotage.

A aucun moment il n'y a eu confusion : chacun de nous deux savait qui était le patron. Je n'ai éprouvé aucune gêne à lui dire ce que je ne comprenais pas ou à l'écouter m'ouvrir des perspectives pour l'équipe.

J'ai donc grandi ! Mais j'ai gardé l'habitude de solliciter mes collaborateurs, y compris dans la préparation et la négociation des objectifs.

Je crois qu'il faut être lucide et ne pas s'enfermer. Personne n'est omniscient et le plus important est d'avoir un carnet de contacts bien rempli !

L'équipe est aussi une présence. J'ai déjà évoqué le bureau avec les facteurs que j'ai dirigé. J'ai dit qu'ils étaient impressionnants par leur nombre mais aussi par leur cohésion.

Rompre cette impression de solitude a été aussi de décider de passer tous les matins dans toutes les travées pour les saluer un par un.

Je passais d'abord par le bureau des encadrants pour prendre la température et après, quelle que soit la météo

de la salle, j'allais les voir. Ils m'entendaient arriver (je portais des talons hauts qui claquaient sur le carrelage) et chacun se préparait : cette factrice qui adorait mes multiples paires de chaussures avec qui je parlais brièvement chiffons, celle-ci que je rassurais quant à son savoir-faire, celui-là que je félicitais pour ses résultats, et les quatre derniers, regroupés en bout de travée : les quatre représentants syndicaux. Ils avaient pratiquement toujours quelque chose à me signaler, à me demander, à me réclamer, mais c'était le jeu.
Ce rituel avait quelque chose de rassurant ; il me confortait dans le sentiment, non d'être seule, mais d'appartenir à un collectif. Cela les avait surpris mais ils avaient apprécié.
Il parait que certains directeurs ne venaient jamais dans leur espace de travail et restaient enfermés dans leur bureau. C'est pour moi difficilement crédible et pourtant, ils ne l'ont sûrement pas rêvé.
La clé : maintenir le contact !

Tu me dis que, bien sûr, c'est intéressant de s'appuyer sur son équipe mais quand il s'agit de décider, on se retrouve bien seul avec le poids de la responsabilité.
Tu as raison, souvent décider ne peut se faire que seul. Quoique ! ....

Bien sûr, le manager a des décisions à prendre. C'est difficile car l'impact sur les collaborateurs peut être important. C'est pourquoi il peut être avisé de demander conseil. Mais un conseil n'est que la vision de quelqu'un d'autre sur un sujet qui m'implique moi.

C'est pourquoi, j'évite de donner des conseils ; je préfère dire que, dans cette situation, voici comment je m'y prendrais. Mon regard sur la situation n'est pas exportable en tant que tel mais il peut donner un éclairage à quelqu'un d'autre.

La décision la plus difficile que j'ai prise a été suite à une faute lourde. Un de mes collaborateurs allait prendre sa retraite. Sa fonction de responsable sécurité disparaissait en tant que telle, mais ses activités étaient réaffectées. Cette personne, pendant nos quatre années de coexistence, ne m'avait jamais vraiment facilité la vie.
Le lendemain de son départ, alors qu'il y avait une recherche à faire, impossible de trouver le moindre dossier. Tout avait disparu.
Inutile de dire à quel point j'ai été sidérée par l'énormité de la chose et pour moi, il devait y avoir sanction. Ce collaborateur avait posé un acte lourd de conséquences, il me semblait juste qu'il en réponde, d'une façon ou d'une autre.
Avant de solder tous ses comptes, il restait à lui attribuer sa rémunération variable évaluée en fonction de son travail de l'année. J'ai décidé de ne rien lui donner.
Mon N+1 m'a suivi, l'entreprise s'est retrouvée au tribunal et nous avons gagné !
Quelques fois je me dis que j'aurais pu lui donner une petite part comme me l'avait suggéré mon N+1 ; cela aurait

peut-être évité la procédure. Je n'ai pas regretté ma décision mais ce ne fut pas fait de gaieté de cœur.

Se séparer d'un collaborateur qui n'est pas à la place qui convient, est aussi une décision difficile. Il m'est arrivé plusieurs fois de devoir accompagner quelqu'un vers un autre métier, mais aussi vers la sortie. Je l'ai fait en étant attentive à la personne et après l'avoir mise dans les conditions optimales pour réussir. Je crois que chacun a droit à une seconde chance.

Ce sont des choses qui ne sont pas agréables mais qui font partie du métier de manager.
Tu ne pourras pas échapper à ce type de décisions qui, même si elles semblent justes et adaptées, provoquent néanmoins un certain inconfort.

Il y a aussi des décisions où on sent que tout peut basculer, où on se dit, si je me plante, je cours à la catastrophe.
Je me souviens d'un petit matin, à six heures, à la prise de service des facteurs. Une vingtaine d'agents grévistes de Versailles débarquent et commencent à entrer dans le bureau. Leur objectif était de faire débrayer Le Chesnay. Je suis arrivée devant eux, encadrée par les deux chefs d'équipe (je mesure un mètre soixante et en face, ce n'étaient pas des gabarits légers) ; ma « distri » observait. Je savais que le risque était que mon équipe s'aligne et rejoigne leur mouvement. Impossible de consulter qui que ce soit, il fallait que je gère seule.

Je leur ai demandé de ressortir en ne gardant dans la salle de repos que les leaders. J'ai refusé de donner suite à leur demande de discussion avec mes facteurs dans les conditions qu'ils prétendaient m'imposer.

Néanmoins, je leur ai proposé de venir parler de leurs problématiques avec mon équipe dans le cadre d'un espace-temps syndical et en me prévenant au préalable du jour choisi.

Après un temps de palabres, ils ont accepté et se sont retirés. Je me suis alors tournée vers mon équipe et ils se sont faits engue...ler pour avoir enfreint les règles de sécurité en laissant pénétrer dans le bureau des personnes inconnues de la plupart d'entre eux.

Mais je dois avouer qu'après, j'avais les jambes en coton. La peur de ma vie !

Mais même si j'étais seule à intervenir et à donner le tempo des échanges, heureusement j'ai senti que l'encadrement me soutenait et cela, rien que par le fait de m'entourer. C'est ce jour-là que je les ai baptisés : ils seraient ma garde rapprochée !

On n'a plus jamais entendu parler de Versailles !

La leçon que j'ai tirée de cet incident, c'est que parfois il ne faut pas avoir peur d'aller au contact et, comme en judo, se servir de la force de l'adversaire pour prendre le dessus. Et surtout, s'appuyer sur le collectif. C'est pour cela qu'il est si important de le construire et d'en prendre soin.

J'ai parlé de trois types de circonstances où j'ai pu ressentir la solitude. Cela s'est notamment produit au sein d'une équipe.
Cela parait paradoxal ! Ça ne l'est pas. Trouver sa place au sein d'une équipe n'est pas toujours facile, surtout quand cette équipe est depuis longtemps constituée. Mais la solitude peut s'installer quand on n'est pas très sûr de soi.

Pour moi, j'ai vraiment eu ce sentiment d'être seule quand j'ai intégré le conseil de direction de mon dernier département d'affectation.
Mon entreprise prenait une orientation résolument bancaire et mes pairs étaient souvent très diplômés mais surtout très experts finances et banque, avec des parcours chez les concurrents.
Ils étaient très sûrs d'eux, de leur savoir, de leurs analyses et donc des actions à mettre en place. Je dis « ils » car je n'ai pas trouvé cette attitude chez mes pairs féminines (à une exception près).
Dire que j'étais en décalage est un euphémisme : ils parlaient chiffre d'affaires, je parlais comportements ; ils décidaient d'en haut, je décidais à partir du terrain.

Le jour où j'ai dit que peut-être on pouvait déterminer la proposition d'objectifs annuels du département en partant de remontées des opérationnels, ma suggestion fut balayée d'un « ça ne marchera jamais ! ». J'ai eu beau expliquer que « ça s'était déjà fait » quelques dix années auparavant dans un autre département, j'étais inaudible. J'ai compris que j'étais sur une route différente de la leur et que sur ce terrain-là, je devrais m'accrocher. Qui sait, l'un d'entre eux finirait peut-être à s'y déporter. C'est ce qui est arrivé avec celui qui allait devenir un de mes amis puis un de mes associés.

Ma vision du management m'isolait, mes connaissances techniques bancaires m'invitaient à poser beaucoup de questions.
En effet, un jour j'ai décidé qu'il valait mieux demander que rester sur des incertitudes et des incompréhensions. C'est pourquoi, tant que je n'ai pas compris quelque chose, je questionne. Ça peut sembler agaçant pour certains, mais ce n'est pas contre eux que je le fais, c'est pour vérifier ce que mon cerveau a capté.
Devant l'assurance de mes collègues dans le domaine bancaire, je ne montais jamais en première ligne ; je n'étais pas très assurée mais cela relevait plus du manque de confiance en mon savoir. Et pourtant, un jour est arrivé où mes complexes se sont littéralement envolés.

La crise de deux mille huit a été un moment d'extrême fragilité pour tout le système bancaire. Les équipes commerciales étaient en demande d'informations précises et de lignes directrices. Notre entreprise a été considérée par de nombreux clients comme un refuge sécurisant.

Pour accompagner au mieux mon équipe, j'ai suivi très attentivement les analyses des experts des marchés financiers, sur plusieurs médias pour avoir un éventail d'opinions et de projections.
Le plus gros de la tempête est passée, mais j'ai commencé à entendre une petite musique : la dette grecque, financée par des emprunts d'Etats, états au pluriel. Les spécialistes émettaient l'hypothèse de graves difficultés pour l'Etat grec à honorer ses engagements financiers et donc, par ricochet, d'un risque sur les titres détenus par les institutions bancaires, notamment françaises.
J'ai donc évoqué ce risque en comité commercial en demandant si notre partenaire détenait de tels titres et comment préparer nos conseillers bancaires à répondre aux clients.

Que crois-tu qu'il advint ? Eh bien, je te le donne en mille : certains m'ont ri au nez, amicalement bien sûr, mais en m'expliquant avec beaucoup de savants détails que cette hypothèse ne pouvait pas se produire !... Six mois plus tard, la Grèce s'effondrait et l'Euro jouait sa survie ! Ma question n'était donc pas si folle !

C'est à ce moment que j'ai arrêté de croire que j'avais une intelligence moindre que celles mes pairs ; j'avais une intelligence différente et je n'étais pas moins qu'eux. Bien sûr, j'avais un fonctionnement différent de mes collègues, mais il pouvait être aussi efficace que le leur. C'est comme cela que j'ai apprivoisé ma solitude : non pas en me recroquevillant sur moi-même, comme je l'avais souvent fait, mais en assumant mes compétences et mes interrogations.

Il est vital de prendre conscience que la solitude, si on ne s'en fait pas une amie, ne peut que nuire. Elle peut séparer, elle peut troubler notre cerveau et nous enfermer.
Ce sujet m'a longtemps interrogée car je suis une nature qui aime la compagnie ; j'adore recevoir et préparer des diners pour les gens que j'aime : ma famille, mes amis, mes collègues, mes collaborateurs.
C'est pour cela que j'ai ressenti, à un moment de ma vie, le besoin de me confronter à la solitude. J'ai pris un poste à Lyon voici vingt ans déjà. J'ai postulé parce que je connaissais le patron qui recrutait (tu sais, celui qui m'a appris à dire Non !). Je lui faisais assez confiance pour être, à son insu, l'accompagnateur de cette expérience.
Non seulement, le poste était une création ex nihilo, donc aucun repère professionnel, mais j'emménageais dans une ville où je ne connaissais strictement personne, à part mon patron. J'y ai passé trois ans ; j'ai appris le métier de directeur qualité avec un super consultant qui est devenu un ami par la suite ; j'ai découvert une région et une ville qui faisait écho à mes origines : le fleuve, le vin, la gastronomie ! J'ai passé quatre années intenses professionnellement et sereines personnellement. Je ne me suis fait peu de relations (mais de qualité) et cela ne m'a pas manqué.

J'ai appris à devenir une bonne compagne pour moi-même et … un excellent guide des traboules du quartier Saint-Jean, des tisserands de la Croix rousse et des soyeux de la Presqu'île !

J'ai compris que la solitude faisait partie de la nature humaine. En réalité, nous sommes toujours seul face à nos choix, à nos actes, comme nous serons seul le jour où nous quitterons cette vie.
Alors, je t'invite à t'appuyer sur ce sentiment plutôt qu'à te laisser dominer par lui. Il est nourrissant d'éclairer son jugement par l'avis des autres. Il est sclérosant de se refermer sur soi et ne laisser personne entrer.

N'aie pas peur d'exprimer ce dont tu as besoin par des demandes claires ; n'aies pas peur de poser des questions ; n'aies pas peur de dire que tu ne sais pas ; n'aies pas peur de demander de l'aide ! Tu crains que l'autre te juge faible ! Tu te trompes : des deux, c'est toi le plus mature et l'autre qui est prisonnier de ses croyances et de ses jugements.
Ce que je te propose de développer là, c'est l'apprentissage de l'authenticité.
Nous avons beaucoup échangé autour du management, des relations avec les équipes, avec la ligne hiérarchique. En abordant le sujet de la solitude, tu mets tes pas sur le chemin de la connaissance de soi. Et c'est, pour moi, la grande œuvre que chaque manager devrait construire jour après jour.

Par une meilleure compréhension de qui tu es, de tes croyances, de tes valeurs, de tes limites, de tes besoins, tu pourras porter un regard éclairé sur tes actes, tes intuitions, tes enthousiasmes, tes réactions, tes révulsions. Ceci te permettra de faire la différence entre ce qui t'appartient et ce qui appartient à l'autre. Et quand on a la responsabilité d'une partie de la vie des personnes qui nous sont confiées, il est préférable d'être au clair avec soi-même.

As-tu envie d'en savoir plus ? Je sais que j'ai piqué ta curiosité. J'ai souvent vu cette réaction.
Les personnes que j'ai rencontrées ont souvent beaucoup apprécié d'aborder le sujet du travail sur soi.
J'avais mis en place des ateliers comportementaux avec les directeurs d'établissement que je dirigeais. Ce sont eux qui étaient demandeurs. Tous les séminaires faits avec l'équipe des managers comportaient des séquences sur les comportements. C'était ma signature !

*« Et si nous revenons à la solitude, il nous devient de plus en plus clair qu'elle n'est pas une chose qu'il nous est loisible de prendre ou de laisser. Nous **sommes** solitude. Nous pouvons, il est vrai, nous donner le change et faire comme si cela n'était pas. Mais c'est tout. »*

Rainer Maria RILKE
Lettres à un jeune poète

En résumé,

- Ne crains pas la solitude car elle fait partie de ton humanité
- Regarde d'abord où trouver les ressources nécessaires, chez toi ou dans ton équipe
- Il y a une première fois pour chacun d'entre nous et pour toute pratique

L'AUTHENTICITE : LE SOCLE COMPORTEMENTAL

> *Certaines valeurs, certaines qualités facilitent l'installation de relations équilibrées et respectueuses.*
> *Ne crois pas que je les possède, du moins en totalité, mais à un moment de ma vie professionnelle, j'ai choisi d'en faire l'apprentissage pour faire évoluer mes comportements vers d'autres plus appropriés, notamment à ce qui allait être le fil rouge de ma carrière, le métier de manager*

Ce fut long et douloureux mais au bout de trente ans, une analyse et une formation au coaching plus tard, je peux dire que je commence à y voir un peu plus clair !
Bien sûr, on peut lever les yeux au ciel : en effet, on n'est pas au bout de nos peines !
Eh non ! On n'y est pas, personne n'y sera certainement jamais, car ce n'est pas le but qui compte, c'est la route à parcourir.
Là est le sel de la vie ! Apprendre, apprendre encore de soi, des autres et avancer, transformé à chaque pas par une prise de conscience personnelle, par une rencontre. Je trouve cela jubilatoire.

Tous ceux qui me connaissent disent que le travail a été une part importante de ma vie. Je crois, en écrivant ces lignes, que les métiers que j'ai exercés et surtout celui de manager, n'ont été que les véhicules de mon évolution personnelle. Ils m'ont obligé à changer mes comportements, guidée par cette vision humaniste du management.

Plus l'environnement professionnel se durcissait (et pas que dans mon entreprise !), plus les relations de travail se tendaient, plus la pression sur les résultats s'affirmait, plus je pensais que le management souvent atypique que je pratiquais, pouvait faire partie des solutions pour créer du sens et du lien.

C'est pour cela que je dis que la connaissance de soi est une nécessité pour tout manager.

Je crois que le socle de base pour mettre en place des relations saines entre les différentes parties prenantes, c'est la pratique de l'authenticité.

Voici un bien grand mot pour une chose en apparence si simple : être sincère et honnête dans les échanges relationnels. Cependant, le monde de l'entreprise se prête-t-il à ce type de comportement ? En posant la question, je connais la réponse, la réponse faite couramment, mais surtout la réponse que j'ai décidé de porter.

Dire qu'il faut laisser ses problèmes personnels à la porte de l'entreprise est une vraie croyance du monde professionnel. Elle induit qu'il faudrait que chacun se

sépare en deux individus : un qui est au travail et un qui est dans son univers privé.
Cette dualité ne semble pas une source de confort pour vivre pleinement. C'est compliqué n'est-ce pas ?

C'est compliqué parce que cela n'est pas naturel. Nous forçons notre personnalité pour l'orienter vers des comportements que nous acceptons car ils nous sont présentés comme étant la norme dans le milieu professionnel.
C'est compliqué car l'individu est UN. On ne peut pas le diviser ; ce que nous sommes reste sous-jacent derrière les masques que nous posons dans certaines circonstances de notre vie.
Alors, je crois que l'énergie mise à être quelqu'un d'autre est plus profitable quand elle aide à s'assumer.

Voici quelques années, une de mes amies a eu l'occasion de faire un stage dans mon service. Quand nous nous sommes retrouvées après sa première journée, elle m'a fait part de son étonnement : j'étais dans mon équipe telle qu'elle m'avait toujours connue, la même personne ! Sur le moment, je ne comprenais pas en quoi cela était surprenant ; pour moi, être naturelle était une évidence. Devoir me comporter selon des injonctions normatives m'agressait. Autant je suis légitimiste en ce qui concerne le respect de la stratégie et des objectifs de mise en œuvre, autant je suis réfractaire à toute uniformisation des comportements.

J'ai choisi, inconsciemment peut-être, d'être qui je suis, partout. Je pense que cela devait correspondre à une de mes valeurs profondes : comment me respecter et respecter l'autre, si je cache celle que je suis. J'ai appris, bien sûr, à mettre des nuances quand j'ai constaté certaines réactions autour de moi.

Mes premiers conseils de direction en Gironde étaient, disons, un peu compassés. Inutile de préciser que mon premier éclat de … rire a surpris. Je suis assez … expressive, dans la joie comme dans l'agacement ou l'incompréhension.

Mais j'essaie d'être la plus sincère possible dans mes relations avec l'autre, même si ce n'est pas toujours facile.

De plus, les comportements attendus ne sont pas les mêmes pour une femme et pour un homme. A-t-on déjà qualifié un manager masculin d'hystérique ? Une femme qui se bat pour son équipe, c'est une râleuse voire une emm…deuse ! Un homme, c'est un leader !

Une femme qui parle fort, elle crie ; un homme, il s'exprime avec autorité ! Une femme pose des attendus précis à ses collaborateurs, elle est dure ; un homme sera considéré comme exigeant ! …

Je te concède que j'exagère un peu, un tout petit peu seulement. Je me suis toujours demandée pourquoi on attendait d'un manager féminin qu'elle soit douce, de n'importe quelle femme d'ailleurs. Désolée, je n'ai pas cela en rayon ! Je suis attentive aux autres et je donne sans compter, mais je ne suis pas douce.

Et donc, tu me demandes si être authentique présente des risques. En effet, ne pas se comporter comme ce qui est a priori attendu peut générer des difficultés. Ce que tu abordes là est la peur d'être rejeté. C'est je crois, hélas, le prix à payer !

Chaque entreprise ou administration, quelle qu'elle soit, est comme une personne ; elle s'est construit une vision du monde et de son devenir, par l'agrégation des croyances et des représentations de son personnel d'hier comme celui d'aujourd'hui.
L'empreinte de la ligne managériale et du top management est inscrite au plus profond de l'entreprise. Elle est aujourd'hui le fruit de cette histoire, tout comme un être humain porte au plus profond de lui, l'histoire de ses ancêtres depuis la nuit des temps.
Mon entreprise est maintenant une société anonyme où la notion de service au public est essentielle. Cela vient d'un temps où la valeur clé d'une administration était justement le service public. Même les nouvelles recrues se réclament de cette valeur profonde alors que le statut de la structure a changé depuis plus de trente années.

Je veux souligner par-là que, s'il y a quelque chose de compliqué à changer, ce sont bien les comportements.

Alors, se conformer à ce qui est attendu permet d'être dans le groupe, de satisfaire son désir d'appartenance.
Cela permet aussi de présenter à son N+1 un profil compatible et conforme à ce qu'on pense être ses attentes. Mais qui connait vraiment les attentes de son patron, en dehors de l'atteinte des objectifs (et encore !) ?

La peur du rejet conduit ainsi à proposer des comportements qui ne sont pas les nôtres, au risque de se perdre.
Oser la sincérité et l'honnêteté est un vrai choix ; il peut conduire les autres à porter un jugement ou à être déconcertés par cette façon d'agir. Atypique, avez-vous dit ? ...
Je dirais donc que le premier travail à conduire sur soi, ce pourrait être gagner en authenticité.

Je t'invite à faire un arrêt sur image et à regarder qui tu mets aux commandes dans tes relations professionnelles. Ensuite, fais des essais pour faire émerger ta vraie personnalité ; observe dans quelles circonstances et sur la base de quelles croyances tu fonctionnes différemment de ta nature ; évalue les risques, réels ou supposés, à être vrai. Ceci n'est que mon éclairage, mais il m'a tellement aidée à garder les deux pieds bien ancrés dans la terre.

Savoir instaurer des relations équilibrées et saines (et cela ne veut pas dire qu'on est forcément toujours d'accord) est une base solide pour un manager. Mais cela n'est pas

suffisant ! A mon sens, un manager doit asseoir sa crédibilité. Et la qualité première est d'être exemplaire. Cela signifie que ce que je demande ou exige de mes collaborateurs, je me l'applique à moi-même.
Je ne comprends pas les responsables qui ont un discours pour leurs équipes et un autre pour eux-mêmes. Cela me fait penser aux managers qui demandent à leurs équipiers de changer leur façon de travailler et s'agacent de la lenteur voire de la résistance des personnels. Ces mêmes dirigeants qui, quand on leur propose de revisiter leurs propres pratiques de travail, sont dans l'incapacité d'ancrer un changement pérenne. Je ne parle pas en l'air, je l'ai constaté : chacun tout à l'excitation de la nouveauté, mais quand il s'agit de s'atteler dans le temps à une remise en question, ils se perdent.

C'est difficile d'être exemplaire et les équipes ne le comprennent pas toujours. Un jour, les deux conseillers en patrimoine que je pilotais m'ont fait remarquer qu'ils devaient être les seuls dans le département à avoir une réunion hebdomadaire avec moi. C'était le début de la Banque Postale et les managers opérationnels étaient attendus sur des pratiques managériales complètement revisitées. J'ai expliqué à mes conseillers que ce qui se passait chez mes collègues ne me concernait pas ; quant à moi, il était inconcevable d'exiger de mes directeurs d'établissement de modifier leur management si je ne commençais pas par changer le mien.

Je dirais que l'exemplarité, plus qu'une qualité, est une valeur essentielle pour un manager. Elle oblige, elle engage, elle indique le chemin mais surtout elle rassure.
Un collaborateur sera plus facilement enclin à bouger les lignes s'il voit que son patron a pris ce risque et que ce qui lui est demandé est réalisable.

Nous venons d'évoquer deux valeurs qui me semblent importante dans l'exercice du métier de manager : l'authenticité et l'exemplarité. J'aimerais aussi parler avec toi de la confiance : de la confiance donnée et de la confiance en soi.

La délégation d'une tâche à un collaborateur nécessite de savoir lâcher-prise et accepter ce que l'autre va apporter. Dans cette circonstance précise, faire confiance est parfois difficile pour certains mais, si la délégation est correctement établie et pilotée, la confiance s'épanouit.
Souvent la confiance s'établit au fil du temps, au fur et à mesure que les preuves s'accumulent ; en effet, certaines personnes ont besoin de vérifier que leur confiance est bien placée et, du coup, cela demande aux « bénéficiaires » de la mériter à chaque instant.

Mais j'aimerais évoquer aussi la confiance a priori. Si je te dis que c'est l'attitude que je préfère, en seras-tu surpris ? Tu te demandes si je ne suis pas une peu, disons, angélique, n'est-ce pas ? Est-ce un pari risqué ?

Je suis certaine que non ! Accorder sa confiance d'emblée, c'est un pari les yeux ouverts. C'est un peu comme faire un don.

Si on donne en attendant quelque chose en retour, ce n'est pas vraiment donner. Combien d'entre nous n'ont-ils pas entendu cette phrase : « Avec tout ce que j'ai fait pour toi ! ». Je la trouve quelque peu culpabilisatrice et elle induit un geste obligatoire en retour. Celui qui reçoit est libre de l'usage du don et de sa façon de le recevoir.

Pour la confiance, je pense que l'autre n'a pas à « mériter » ma confiance : il l'a d'office. Bien sûr, si ses comportements ou ses paroles me mettent en difficulté, j'adapterai ma façon de faire ; mais je ne vais pas élever a priori une barrière, mettre en doute ses compétences ou ses valeurs. Je vais essayer de le prendre tel qu'il est, avec ses défauts mais surtout ses qualités.

Christophe André[12] a écrit : « *La confiance est une intuition, parfois une décision et une espérance, bien plus qu'une certitude. Elle est une forme d'optimisme, centré sur les relations sociales* ».

Ne crois surtout pas que cela m'est facile ! Comme chacun, je peux être prompte à porter un jugement sur l'autre. Mais je suis convaincue que faire immédiatement confiance participe à établir des relations de qualité entre les personnes. Cela n'empêche nullement de garder les yeux ouverts sur la réalité des choses.

C'est un peu pareil quand il s'agit de se faire confiance. C'est comme pour un enfant.

Un enfant fait confiance à ce qui l'entoure : les gens, les animaux, les plantes... Ce sont les adultes qui lui apprennent à faire attention aux dangers potentiels ou imaginaires. L'enfant a ce savoir-être car il a confiance en lui. Il ne connait pas ses limites, il veut tout essayer car il croit en lui et en ses capacités (même s'il ne les mesure pas encore réellement).

J'ai longtemps cru qu'avoir des diplômes était synonyme de compétences et d'intelligence. Avec seulement le baccalauréat et un entourage professionnel qui, au fil des promotions, était composé de plus en plus de surdiplômés, j'ai commencé à douter. Je n'avais pas confiance en moi. Je pouvais avoir des idées révolutionnaires, j'étais souvent maladroite pour les défendre.

Il m'a fallu du temps, beaucoup d'introspection, pour oser reconnaitre mes capacités.

J'ai de vraies compétences que j'ai su mettre au service de mes équipes ou des collectifs auxquels j'ai appartenu ; mais il y a aussi des domaines qui restent complexes pour moi et que je n'ai jamais eu envie d'explorer : je pense que je n'aurais jamais pu être un directeur financier par exemple. J'ai aussi compris au fil du temps que les diplômes ne garantissaient en rien la qualité d'un manager et pourtant la France adore les diplômés !

Avoir confiance en soi ne doit pas être regardé comme de l'arrogance ou de l'orgueil, mais comme la perception de ce que l'on est capable de faire. Jean Garneau décrit la confiance en soi comme étant *l'évaluation réaliste et ponctuelle qu'on a les ressources nécessaires pour affronter une situation particulière.* Elle ne vient pas systématiquement dans toutes les circonstances.

Je crois que, dans certains moments particuliers générateurs de peur, de stress, se poser la question : « Ai-je les moyens de gérer pour me sentir en sécurité ? », est une technique qui peut aider.

Toute une série d'exemples me reviennent qui ont tous un point commun : prendre la parole en public. Que ce soit pour représenter mon entreprise auprès des grands élus des Hauts de Seine dans le cadre de la politique de la Ville, pour porter une démarche qualité auprès des managers du Courrier, pour parler management à des Directeurs Généraux des Services des collectivités, qu'ils soient cinquante ou six cents dans la salle, j'ai toujours un doute : saurais-je dire les choses qui intéresseront mon public ? Et chaque fois que je me lève et monte au micro, je regarde l'assemblée, puis j'oublie toutes mes interrogations sur mon intervention et comme dans une piscine, je saute !

Je concède que dit comme cela, ça peut sembler fou. Mais je vais te faire une confidence : je me suis aperçue que j'étais incapable de restituer du par cœur, alors j'ai toujours quelques fiches. Car les quelques fois où j'ai dû prendre la parole sans être prévenue, je t'avoue que j'ai eu des sueurs froides et mon propos a pu sembler, lors de certaines occasions, abscons à plus d'une personne.

Mais je confesse que cette adrénaline-là, j'adorr....e ! C'est excitant et quand parfois, des participants viennent vous voir après pour vous remercier, c'est gratifiant !
Alors, oui je crois que la confiance en soi, cela se travaille ; cela commence par s'auto-observer puis il s'agit de trouver les apprentissages qui vont développer les savoir-faire ou les trucs qui vont aider à se sécuriser.
Mais en toutes circonstances, il est important de prendre soin de soi, devenir un bon compagnon pour soi et accepter qui on est.

L'exercice serein de ce métier difficile nécessite de se donner les moyens de réussir et donc de créer les conditions cognitives et comportementales adaptées. C'est tout l'enjeu du travail sur soi : apprendre à sortir des croyances qui nous enchaînent, à vivre en phase avec ses valeurs, à savoir poser des limites et à exprimer ses émotions et ses besoins.

C'est savoir admettre ses insuffisances et ses manquements, c'est aussi accepter de se dévoiler pour tenter de nouer des relations sincères.
C'est aussi savoir poser les exigences indissociables à la pratique du management : obtenir les résultats attendus peut se faire dans le respect mutuel des parties en présence. C'est une autre façon d'aborder ce métier et, non, ce n'est pas le monde des Bisounours ! C'est ce qu'on pourrait appeler un management « éclairé », certainement

plus dans l'efficience que dans l'efficacité immédiate et éphémère.

J'aime utiliser l'expression « travail sur soi » ? Pourquoi ? Tout simplement parce qu'il s'agit d'un long apprentissage qui, je dois l'avouer, ne se terminera jamais !
Et je crois que ce travail peut tout simplement commencer par l'auto observation. Allons voir plus loin.

C''est vraiment au cours de ma formation de coach que j'ai appris à être attentive à moi-même : mes ressentis, mes réactions, mes actions. Mais aussi, à la différence entre ce sur quoi je peux agir et ce avec quoi je dois faire (cf. Epictète).
Quand j'accompagne une personne en coaching, c'est un peu le sens des exercices que je peux lui demander de faire. Dans certaines circonstances, une émotion, un sentiment va générer un comportement, parfois violent. Je propose alors à mon client d'être attentif à ces situations et je l'invite à regarder ce qui monte du plus profond et sa façon d'y réagir. Puis, d'auto observation en auto observation, la personne va pouvoir qualifier l'émotion mais pas encore penser sa réponse ; et cela jusqu'au moment où elle aura compris que certains évènements font écho à des souvenirs qui lui sont propres, que sa réaction est dirigée vers elle-même et non vers l'autre, et que l'action appropriée à poser n'est pas celle qui lui était devenue familière depuis des années.

Swâmi Prajnânpad[13] a écrit cette belle phrase sur les émotions : « *L'émotion ne tient jamais à une cause extérieure, elle tient à nous, à notre manière de voir les choses, à notre conditionnement propre, à notre sensibilité, à notre passé personnel* ».

C'est une prise de conscience pas à pas, séquence par séquence qui permet de mettre en mouvement un changement de comportement en pleine conscience.

Apprendre à observer ce qui nous met en mouvement, est un bon moyen de se comprendre et par là, mieux comprendre les autres.

Et puis, il y a tous les évènements qui s'imposent à chacun. Quand on est manager, il est important de garder son énergie et celle des équipes sur l'essentiel.

Quand le matin en sortant, tu constates qu'il pleut, quelle est ta réaction ? Je t'en propose quelques-unes avec leurs conséquences éventuelles : tu peux pester contre cette pluie et te pourrir la journée ; tu peux te dire que cela faisait longtemps qu'il n'avait pas plu et que c'est un bienfait pour la nature.

De toutes les façons, tu vois bien que tu ne peux pas empêcher la pluie de tomber, mais selon l'orientation que TU choisis, ton humeur change.

Ce regard sur la vie permet à un manager de remettre les choses en perspective pour les équipes, et surtout de les responsabiliser quant à leurs choix dans l'exercice de leur métier.

Il ne sert à rien de s'acharner à vouloir changer quelque chose qui s'impose à nous ; je peux juste changer ma façon d'y réagir, et c'est déjà extraordinaire.

L'état d'esprit d'un manager et son équilibre personnel ont un impact certain sur les relations avec les collaborateurs, mais aussi avec la hiérarchie. C'est pour cela que je crois à la nécessité d'apprendre à connaître son propre fonctionnement pour décoder plus aisément celui des autres.

Parce qu'il est une sorte de guide pour ses équipes : guide dans le développement des compétences, guide dans la réalisation des objectifs, guide dans la recherche de la juste place dans l'entreprise, le manager devrait être au clair avec lui-même. Ainsi certaines postures managériales se conforteront et d'autres disparaitront ou s'atténueront. En agissant en conscience, le manager donnera du sens à son management.

Le travail sur soi a traversé les âges et les approches sont plurielles : des plus anciennes comme les religions ou la philosophie aux plus récentes comme les sciences du comportement ou les techniques de développement personnel.

Chacun peut choisir la ou les voies où il trouvera l'accompagnement nécessaire à une compréhension de lui-même et de sa relation aux autres (« Connais-toi toi-même » de Socrate). Mais je pense qu'une partie du travail doit se faire sous une guidance bienveillante.

Cela participe d'une remise en question fondamentale ; tenter de découvrir qui on est et vers quoi on veut aller, aura de toutes les façons des répercussions sur l'entourage, professionnel mais aussi personnel. C'est à la fois une prise de risque mais aussi l'assurance de découvertes gratifiantes. Pour un manager, l'enjeu est important.

Dans l'univers de l'entreprise, si une personne a besoin d'aide, les solutions proposées sont les formations, puis éventuellement et de plus en plus fréquemment un coaching.

Les formations permettent de découvrir ou de consolider des connaissances comportementales techniques dans un cadre protégé, en compagnie d'autres professionnels. Elles sont nécessaires, utiles pour décoder certains comportements. Le risque avéré pour un manager c'est de les utiliser pour mettre les autres dans des cases ou pour mettre en place des postures stéréotypées.

Par ailleurs, les formations ne sont pas généralement pilotées par le hiérarchique au retour en situation professionnelle : c'est à mon avis un inconvénient majeur. C'est dommageable car un temps est nécessaire au cerveau pour être capable de mettre en mouvement une nouvelle façon d'agir voire une simple adaptation.

Mais cela est plus grave quand il s'agit de formations comportementales ; en effet, une interprétation erronée peut avoir des répercussions sur les personnes. C'est pourquoi j'invite les responsables à la vigilance en ce qui concerne les nouveaux comportements de leurs collaborateurs à l'issue de ce type de formations.

Pour avancer sur la connaissance de soi en milieu professionnel, le coaching est aussi une solution. Il fait maintenant partie de la panoplie des Ressources Humaines pour accompagner les managers en difficulté. Pour que cet exercice soit efficace, encore faut-il que la personne soit volontaire et que le N+1 ait déjà fait son boulot de manager auprès de cette personne. Ce choix de l'entreprise ne doit pas être un prétexte pour évincer quelqu'un en se donnant bonne conscience ni pour suppléer les manquements du supérieur hiérarchique, mais une véritable opportunité pour le manager, son responsable, son équipe et toute l'entreprise. Françoise Kourilski a écrit : « La manière la plus élégante et la plus efficace de faire changer le comportement de notre interlocuteur consiste à modifier d'abord le nôtre ».

Le travail sur soi ouvre des perspectives nouvelles ; c'est certes la découverte de pratiques différentes, de techniques inconnues, mais c'est surtout la richesse des rencontres car on ne grandit jamais seul. L'apprentissage peut être à la fois ardu et joyeux, impliquant et généreux.

Intellectuellement, il nécessite une forte motivation mais il contribue à maintenir l'agilité des neurones.

L'écueil serait de se contenter d'un apprentissage de surface, technique ; c'est pour cela qu'il est nécessaire d'impulser un sens à cette démarche et d'apprendre à vivre au plus profond de soi les changements à l'œuvre. C'est le moment de la prise de conscience pour emprunter résolument un nouveau chemin ; c'est le moment de la volonté et de la sincérité.

Manager autrement est accessible à chacun ; il faut seulement que tu en aies envie et que tu décides de t'en donner les moyens. Ne baisse jamais les bras car des vents contraires essaieront de contrarier ta course, résiste et poursuis ton chemin.

Une de mes patronnes m'a un jour offert *Le règne des Affranchis,* le livre dans lequel Claude Onesta, un des plus grands entraîneurs sportifs français, raconte l'épopée de l'équipe masculine de Handball. J'avoue avoir reçu ce présent avec quelques interrogations : le sport et moi, il y a un certain temps déjà que nous avons pris des chemins séparés !

Je suis tombée sous le charme de ce manager hors pair et hors norme car c'est bien de management à la fois stratégique et quotidien dont il s'agit. Partageons, si te le veux bien, un court extrait :

« *Dans la tempête, je n'ai jamais courbé l'échine. En dépit des critiques, je ne me suis jamais renié. Quitte à tout perdre. Se renier, c'est pourtant ce que font la plupart des managers lorsque leurs innovations tardent à porter leurs fruits et que leur statut est menacé. En arrière, toute ! »*

Alors, je te le dis : toi qui as envie d'être un manager différent, un manager accompagnant, NE LACHE RIEN !

*« Nous n'avons aucune raison de nous méfier du monde, car il ne nous est pas contraire. S'il y est des frayeurs, ce sont **les nôtres** ; s'il y est des abîmes, ce sont nos abîmes ; s'il y est des dangers, nous devons nous efforcer de les aimer. Si nous construisons notre vie sur ce principe qu'il nous faut aller toujours au plus difficile, alors tout ce qui nous paraît encore aujourd'hui étranger nous deviendra familier et fidèle. Comment oublier ces mythes antiques que l'on trouve au début de l'histoire de tous les peuples ; les mythes de ces dragons qui, à la minute suprême, se changent en princesses ? Tous les dragons de notre vie sont peut-être des princesses qui attendent de nous voir beaux et courageux. Toutes les choses terrifiantes ne sont peut-être que des choses sans secours, qui attendent que nous les secourions ? »*

Rainer Maria Rilke
Lettres à un jeune poète

En résumé,

- Prends soin des relations que tu noues avec tes équipes, ton responsable, tes pairs
- Reste toi-même, sans masque, sans artifice
- Fais-toi confiance et fais confiance à ton équipe
- Sois exemplaire
- Pratique régulièrement l'auto observation pour ancrer le changement en toi

CONCLUSION

Chacun habite le métier de manager avec qui il est et qui il a envie de devenir, avec ce qu'il apporte et ce qu'il a envie de récolter.
Devenir un manager « éclairé » est le résultat de pratiques humanistes et innovantes. Il existe de multiples chemins et il serait vain de chercher un mode d'emploi car chaque être est singulier. Carl Rogers affirmait que « *le seul savoir qui influence vraiment le comportement, c'est celui qu'on a découvert et qu'on s'est approprié soi-même* ».

Au cours de ma carrière, j'ai vécu des transformations radicales au sein de mon entreprise. J'ai rencontré des managers de toutes natures. La façon de faire, dans la conduite du changement mais aussi au quotidien, de certains responsables ne m'a pas toujours convenu. On peut se contenter d'exprimer ses désaccords et surtout ne rien changer. J'aurais pu devenir représentante syndicale, j'ai choisi de devenir « patronne ». Mais en faisant ce choix, je me suis promise de ne jamais oublier d'où je venais.
J'ai longtemps cru que diriger des femmes et des hommes se résumait à donner des ordres. Je ne faisais que reproduire ce que mes croyances et mes expériences passées m'indiquaient. Cela aurait pu durer toute ma carrière, mais un jour j'ai croisé la route de managers différents qui m'ont entrouvert des portes que, depuis, j'ai largement poussées. En fait, j'ai carrément enlevé les portes !

Je n'ai pas été le meilleur manager du monde, mais j'ai osé faire des choix. J'ai pris des risques en conscience, mes décisions, je les ai assumées et mes erreurs aussi.

En toutes circonstances, j'estime avoir été fidèle à mes valeurs et à mon héritage. J'ai combattu toute atteinte à mon intégrité et à celle des équipes qui m'étaient confiées. J'ai fait le choix d'appliquer d'abord à moi-même les exigences que je posais à mes collaborateurs ; cela n'a pas été toujours facile. J'ai tenté d'être le plus possible congruente et j'ai renoncé à agir pour faire plaisir, faire plaisir aux équipes, faire plaisir à mes patrons. J'ai essayé de faire ce qui me semblait juste, juste pour les collaborateurs, juste pour l'entreprise. Et si je n'ai pas eu la main qui tremblait quand il a fallu sanctionner, j'ai toujours donné le droit à l'erreur.

Dans le monde des commerciaux où seuls les résultats comptent, et ce malgré les discours managériaux, j'ai fait le choix d'interpréter une musique différente certes mais non dénuée d'efficacité.

Les équipes que j'ai dirigées m'ont fait l'honneur de leur confiance et de leur curiosité. Certains ont changé leur fonctionnement, leur management : c'est un cadeau que j'ai reçu avec humilité.

L'essentiel, pour moi, a été de montrer qu'il était possible de manager autrement.

Et quand un jour on sort d'une séance de travail avec les collaborateurs en ressentant une vraie puissance intérieure, une puissance faite de sérénité et de plénitude, alors, ce jour-là, on a fait le juste travail d'un manager, les équipes ont été nourries, on est à la juste place !

Exercer le métier de manager doit être un choix pensé, en lien avec les valeurs que l'on porte. Il faut aimer nouer des relations avec les gens, avoir envie de les découvrir et de faire un bout de chemin avec eux, quels qu'ils soient car on ne choisit pas toujours ses collaborateurs.

Cela demande du cœur mais aussi de l'organisation afin d'accorder à chacun le temps et l'accompagnement dont il a besoin. Et, même si cela ne semble pas couler de source, il est important de préserver la relation avec la hiérarchie car la qualité relationnelle de ce binôme va influencer l'ensemble de l'équipe. Et cela n'a pas toujours été, je le concède, ma priorité.

À tout moment, chacun peut régresser et remettre aux commandes des comportements qu'il croyait avoir dépassé. C'est une sorte de signal d'alerte contre l'arrogance qui peut saisir celui qui construit son management. Le travail n'est jamais fini : chaque rencontre, chaque expérience, chaque échec, chaque victoire est un fil de l'ouvrage qui se crée.

En ce début du XXIème siècle, le monde de l'entreprise manque de vigilance sur le cœur de son développement : les femmes et les hommes qui la composent.

Les discours sont, eux, bien dans l'air du temps visant à questionner les pratiques managériales ; cependant, les dirigeants ne se donnent pas toujours les moyens de concrétiser ces changements, car pour que cela arrive, il faudrait qu'ils commencent par eux-mêmes.

Le fil rouge de mon parcours professionnel a été de chercher et chercher encore comment donner envie aux équipes, comment développer la fierté du travail accompli, comment les faire grandir. J'ai fait mienne la phrase de Milton Erickson : « Si ce que vous faites ne marche pas, faites autre chose car en faisant un peu plus la même chose, on obtient un peu plus les mêmes résultats ».
Améliorer sans cesse la qualité des liens managériaux aura été un de mes grands objectifs de vie. C'est une des façons que j'ai choisie d'occuper ma bien modeste place dans le monde.

C'est pour inviter à ces évolutions managériales, au plus près du terrain, que j'ai estimé n'avoir pas tout à fait terminé ma tâche. Tout ce que j'ai reçu d'expériences et d'apprentissage, tout ce que j'ai réussi ou échoué à mettre en œuvre, je le porte maintenant vers d'autres structures, entreprises ou administrations. Car j'ai la chance, à travers une seule administration devenue une grande entreprise, d'avoir testé un large panel d'organisations et de pratiques managériales.

Transmettre l'approche pragmatique et humaine du management que j'ai développée est un de mes objectifs aujourd'hui. C'est le sens de l'entreprise que j'ai créée avec mes amis ; son cœur réside dans la certitude que « manager autrement » est possible.
Pour cela, nous partageons tous les quatre, la nécessité de développer une bonne connaissance de soi afin de comprendre que chacun de nos actes impactent directement la relation avec nos équipes. A nous managers, de commencer par lâcher-prise et faire le pari de la confiance : notre regard sur nos collaborateurs s'en trouvera immédiatement changé.

Chaque chemin est unique ; j'avais tout simplement envie de vous donner à voir la route que moi, femme et manager, j'ai empruntée.
Chacun regardera avec ses lunettes, bien sûr ! Mais je n'ambitionne pas de changer les autres, je veux juste témoigner que moi, j'ai changé !

A tous les jeunes managers, quels que soient l'âge et l'expertise, je voudrais dire ces derniers mots : chaque fois que vous agissez dans le respect de vous-même, alors vous respectez les autres, chaque fois que vous agissez selon vos valeurs, alors vous devenez un roc pour vos équipes, chaque fois que vous êtes vrais, alors vous permettez à chacun de déployer ses ailes et prendre son envol.

Osez manager autrement !

BIBLIOGRAPHIE

[1] Maitre **ECKHART** : Œuvres de ... Editions GALLIMARD
[2] Gaël **CHATELAIN-BERRY** : Mon boss est nul mais je le soigne. Editions Marabout
[3] Maël **VIRAT** : Quand les professeurs aiment les élèves. Psychologie de la relation éducative. Editions Odile JACOB
[4] Rainer Maria **RILKE** : Lettres à un jeune poète. Editions GRASSET
[5] Claude **ONESTA** : Le règne des affranchis. Editions Michel LAFON
[6] **SENEQUE** : in Plaidoyer pour le bonheur Mathieu RICARD. Editions NILS
[7] Jean-Louis **BIRIEN** : Pratiques des relations et négociations sociales. Editions DUNOD
[8] Arnaud **DESJARDINS** : En relisant les évangiles. Editions de la TABLE RONDE
[9] Jacques **LAGARRIGUE** : La force du coaching. Editions LP&C
[10] Djalâl-od-Dîn **RUMI** : in Périls et promesses de la vie spirituelle Jack KORNFIELD. Editions de la TABLE RONDE
[11] Friedrich **NIETZSCHE** : Ainsi parlait ZARATHOUSTRA. Editions LIGARAN
[12] Christophe **ANDRE** : Imparfaits, libres et heureux. Editions Odile JACOB
[13] Swâmi **PRAJNANPAD** : Les formules de ... Editions de la TABLE RONDE

REMERCIEMENTS

A Paul, pour son constant soutien et ses patientes relectures
A Éric, pour ses conseils, ses suggestions et son accompagnement
A Olivier, pour sa contribution et son soutien
A Christian, pour son retour éclairé et amical
A Anne-Lise, pour la pertinence et la qualité de ses remarques

A mes équipes et à mes managers qui m'ont aidé à grandir dans la bonne humeur ou dans les difficultés.

A tous ceux que mon chemin professionnel a croisé et qui m'ont conduite à revisiter constamment ma conception du management

© 2020, Garcia, Josiane
Edition : Books on Demand,
12/14 rond-Point des Champs-Elysées, 75008 Paris
Impression : BoD - Books on Demand, Norderstedt, Allemagne
ISBN : 9782322240296
Dépôt légal : septembre 2020